MEINE KÜCHE. MEIN KOCHBUCH. UND MEINE REGELN!

Tress

Nudeln?

Oder Spätzle?

Du entscheidest ab hier!

Hier ist Platz

Mit Spaß in der Küche werkeln, mit Familie und Freunden geniessen, Stil zeigen, gesund essen. Kochen und Essen ist viel mehr, als „satt werden“. Schau Dich schlau im Info-Teil ab Seite 7.

Du willst Heldentaten am Herd vollbringen und leckere Nudel- & Spätzle-Rezepte ausprobieren? Ran an Topf und Pfanne ab Seite 26!

Spannende Rätsel und eine Schnitzeljagd quer durch das Buch, tolle Bastelideen – kreativ sein, auch außerhalb der Küche ab Seite 96.

Aber was tun, wenn das Buch durchgekocht und alles gebastelt ist?! Neue Ideen und viele Rezepte findest Du laufend auf unserer Internetseite: **www.tress.de**

Kreativ

Komm mit auf die nächsten Seiten und lerne uns alle kennen!

WAS FINDE ICH WO IM BUCH?

Tipps, Tricks & Infos rund ums Kochen

Nudelsalate & Nudelsuppen

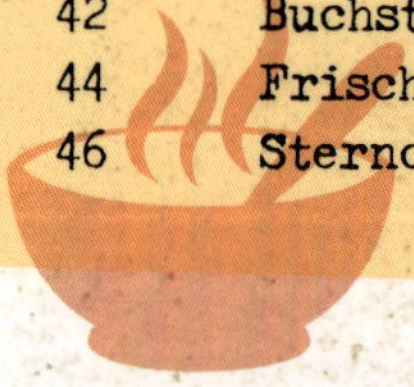

NUDELN! ODER LIEBER SPÄTZLE?

Hauptgerichte

Süßes

RÄTSELN! ODER DOCH BASTELN?

Kreativ-Seiten

Impressum und so

Unser Tipp: In akuten Notfällen direkt zu den Rezepten vorblättern – es gibt auch schnelle Gerichte ;-)

Liebe*r Nudelliebhaber*in,
liebe Kinder, liebe Eltern,

es freut mich sehr, Euch unser ganz besonderes Kinder- und Familienkochbuch **„Am liebsten Nudeln mit Spätzle!“** vorzustellen. Auf 120 bunt gestalteten Seiten warten 31 leckere Nudel- und Spätzlerezepte auf Euch. Mit tollen Kreativideen im Buch und auf unserer Internetseite könnt Ihr auch außerhalb der Küche fantasievoll aktiv werden. Schneiden, malen, basteln, raten – Ihr seid gefragt! Außerdem findet Ihr viele wertvolle Tipps und Tricks rund ums Kochen, damit Ihr direkt loslegen könnt.

Mit unserem Kochbuch möchten wir Euch Familien und Euch Kinder von klein auf dafür begeistern, öfter mal die Kochlöffel zu schwingen. Das ist mir und uns ein wichtiges Anliegen, denn gemeinsame Kochabenteuer und Essen am Familientisch sind für alle etwas ganz Besonderes. So lernt Ihr spielerisch den bewussten Umgang mit Lebensmitteln, Abläufen und Esskultur kennen. Mit ein bisschen Übung übernehmt Ihr mehr und mehr Verantwortung und werdet die gemeinsamen Unternehmungen und Stunden sicherlich bald nicht mehr missen wollen.

Ich wünsche Euch allen viel Vergnügen beim Kochen und würde mich freuen, wenn Euch dieses Buch genauso viel Freude bereitet, wie mir. Wer weiß, vielleicht haben wir unter unseren Jungköchen und Jungköchinnen sogar einmal einen zukünftigen Sternekoch oder eine zukünftige Sterneköchin? Bis dahin habt auf jeden Fall alle miteinander jede Menge Spaß!

Es grüßt Euch herzlich aus Münsingen
Euer

Markus Tress

In der Tress-Produktion tragen immer alle Mitarbeiter Schutzkleidung – auch ich. Diese sorgt für Sauberkeit & Sicherheit bei der Herstellung unserer Produkte. Denn Eure Gesundheit ist uns – neben dem guten Geschmack – das Wichtigste.

Markus Tress, Geschäftsführer, Inhaber

Grüße aus unserer Teigwarenproduktion

Tress Nudeln & Spätzle
SEIT 1969
Feinste Nudeltradition

Aus diesen Zutaten stellen wir bei Tress seit über 50 Jahren die bestimmt leckersten und vielseitigsten Nahrungsmittel der Welt für Dich her: Pasta, Nudeln und Spätzle.

Bereits als Kind spielte Markus in der Nudelfabrik seines Vaters. Heute ist Markus der Chef bei Tress. Er kennt alle Kniffe und Geheimnisse, um Nudeln und Spätzle so richtig lecker zu machen.

KLEINE TEIGWAREN-KUNDE

Bei Teigwaren unterscheiden wir zwischen Nudeln und Spätzle, welche es in unzähligen Formen gibt. Das Grundrezept für die Herstellung ist ebenso einfach wie genial. Für den Teig braucht man nur zwei Zutaten: Hartweizengrieß und frisches Trinkwasser.

Knetet man zudem Eier in den Teig, wie es z. B. bei den Spätzle der Fall ist, erhält dieser das gewisse Etwas. Während in anderen Ländern Eierteigwaren nur an Festtagen auf den Tisch kommen, werden sie in Deutschland auch im Alltag gerne gegessen. Nun aber zur entscheidenden Frage: Schmecken alle Teigwaren gleich? Keineswegs. Neben den Zutaten spielen die Herstellungsweise und Konsistenz – also die Festigkeit – der Nudeln und Spätzle eine wichtige Rolle für den ultimativen Genuss. Auch die Form ist entscheidend.

Es gilt die Faustregel: Je größer und dicker die Teigware, desto kräftiger und dickflüssiger die Soße. Zu den dünnen Sorten passen eher leichte Soßen.

Dies ist übrigens unsere Oma Tress. Du triffst sie im Buch noch öfter. Denn mit ihrer Liebe zu leckeren Nudeln und Spätzle hat bei Tress damals alles seinen Anfang genommen.

Hartweizen

In unsere Teige kommen nur die besten Zutaten. Zum Beispiel sonnengereifter Hartweizen aus den besten Anbaugebieten. Da dieses Getreide viel Eiweiß enthält, ist es besonders gut für die Nudelherstellung geeignet. In der Mühle werden die einzelnen Weizenkörner zu Grieß vermahlen. Der Grieß sorgt dafür, dass die Nudeln und Spätzle schön in Form bleiben, goldgelb aussehen und beim Kochen „al dente“ gelingen.

Eier

Herkunft der Eier: KAT kontrolliert durch www.kat.ec

Eier sind eine wichtige Zutat für unsere Nudeln und Spätzle. Daher brauchen wir viele Eier: mehrere Tausend pro Tag! Wir schlagen sie alle frisch in unserem Werk auf. Natürlich nicht von Hand, sondern mit einer speziellen Eieraufschlagmaschine. Dann kneten wir sie sofort in den Teig – ohne Umwege, frischer geht es nicht. Alle Eier stammen von deutschen Geflügelhöfen, mit denen wir seit vielen Jahren gut zusammenarbeiten.

DAS MACHT UNSERE NUDELN UND SPÄTZLE SO BESONDERS:

Teigruhe

Gut Ding will Weile haben. Das gilt auch für Nudel- und Spätzleteig. Daher gönnen wir unseren Teigen nach dem Kneten erst einmal eine Verschnaufpause. Während dieser Ruhezeit können sich die Zutaten verbinden und ihr volles Aroma entfalten. Erst dann werden daraus unsere leckeren Tress Nudeln und Spätzle.

Schaben & Tropfen

Das Schaben und Tropfen findet Anwendung bei der Herstellung unserer Spätzle und Knöpfle. Der frische Teig wird nach der Ruhezeit gemäß traditioneller Machart in das kochende Wasserbad geschabt oder getropft. Diese Herstellungsart verleiht den schwäbischen Spezialitäten ihren selbstgemachten Charakter. Die traditionelle Machart erkennst Du an dem EU-Herkunftssiegel für regionale Qualität.

Pressen

Penne, Fusilli, Buchstabennudeln und Co. – diese Nudelsorten verdanken ihre besondere Form dem Pressverfahren. Indem der Teig durch spezielle Teflon- oder Bronzeformen gedrückt wird, entstehen die verschiedensten Nudelsorten. Bronzeformen rauen die Nudeloberfläche zusätzlich auf, so bleibt die Soße besser haften.

oder

Walzen

Flache Nudeln wie Bandnudeln oder Suppennudeln können dagegen mit dem Walzverfahren hergestellt werden. Dabei wird der Teig zunächst dünn ausgerollt und dann in Streifen geschnitten. So, wie es schon die Großmutter mit dem Nudelholz machte. Diese einzelnen Herstellungsschritte sind sehr aufwändig, aber die Mühe lohnt sich: Die Nudeln werden schön locker und saugen feine Soßen ganz besonders gut auf.

Unser Dinkel aus dem Biosphärengebiet

Egal ob als Brot, Gebäck oder eben Nudeln – Dinkel macht in jeder Form eine gute Figur. Das Urgetreide wird bereits seit vielen, vielen Jahren auf der Schwäbischen Alb angebaut. Trotz der kargen Böden und des rauen Klimas gedeiht Dinkel auf der Schwäbischen Alb problemlos, denn die Dinkelkörner sind durch ihre Hülle – den „Spelz" – gut vor schädlichen Umwelteinflüssen geschützt. Klar, dass sich das Korn nur schwer von dieser Schutzhülle trennen kann. Somit ist die Verarbeitung von Dinkel zwar deutlich aufwendiger als bei anderen Getreiden, dafür punktet das Dinkelkorn aber mit seinen gesunden Nährstoffen auf jedem Speiseplan.

Unser Dinkel wächst in unserer direkten Nachbarschaft – mitten im Biosphärengebiet Schwäbische Alb. Vom Acker über die Mühle bis zur Nudelproduktion ist er nur wenige Kilometer unterwegs. Das ist nicht nur gut für die Umwelt, sondern auch für uns – denn wir wissen immer, wie es unserem Dinkel geht und können uns davon überzeugen, dass er gut wächst und gedeiht.

Was ist eigentlich ein Biosphärengebiet?

Die Schwäbische Alb ist ein von Menschen geprägtes und doch ziemlich natürliches Gebiet. Es bietet vielen Tieren und Pflanzenarten einen Lebensraum. Gleichzeitig leben dort aber auch Menschen, die von der Bewirtschaftung der Landschaft leben. Das sollen sie natürlich auch weiterhin tun – aber auf eine Weise, die die Natur bewahrt. Daher wurde das Biosphärengebiet Schwäbische Alb gegründet. Ziel ist es, den Naturschutz mit den Bedürfnissen der Menschen in Einklang zu bringen und die Menschen mit der Natur vertraut zu machen.

Als offizieller Partner dieser Initiative ist für uns bei Tress der verantwortungsvolle Umgang mit unseren natürlichen Ressourcen und eine nachhaltige Wirtschaftsweise selbstverständlich.

Partner

Biosphärengebiet Schwäbische Alb

VIEL LOS BEI UNS AUF DER SCHWÄBISCHEN ALB

Auf der Schwäbischen Alb gibt es viel für Groß und Klein zu sehen und zu unternehmen – einige Ideen haben wir hier zusammengetragen. Es gibt aber unendlich viel mehr zu entdecken. Die Alb ist ein Paradies für Outdoorfans, Radler*innen, Wander*innen, Kletter*innen, Geocacher*innen, Höhlenforscher*innen, Vogelkundler*innen, Geschichts- und Burgenfans, Paddler*innen!

Pferdefans aus aller Welt kommen zu Veranstaltungen, Paraden und Turnieren des ältesten staatlichen Gestüts Deutschlands, dem Haupt- und Landgestüt Marbach – Heimat von über 500 Pferden.

Die Wimsener Höhle ist mit dem Boot befahrbar und eine von hunderten Höhlen unter der Schwäbischen Alb, deren Tropfsteine, spektakuläre Felsformationen, Knochenfunde und Fledermäuse es zu erkunden gibt.

In der Kugelmühle Neidlingen wurden schon zu Zeiten unserer Urgroßväter wunderschöne Kugeln und Murmeln aus einheimischem Jura-Marmor per Wasserkraft gemacht.

Im Freilichtmuseum Beuren kannst Du das Wohnen, Arbeiten und das tägliche Leben der Menschen in den vergangenen Jahrhunderten hautnah erleben.

Wilde Abfahrten erlebst Du auf der Sommer-Bobbahn Sonnenbühl, ruhigere Ausfahrten mit der Schwäbischen Alb Bahn. Du kannst auch auf große Wanderung gehen durchs Schopflocher Moor, am Albtrauf entlang oder auf einem der ausgezeichneten Wanderpfade von www.hochgehberge.de

Tolle Ausflugsziele sind auch das Wildgehege Meßstetten, der Kletterwald Laichingen, die Uracher Wasserfälle, die Burgen Lichtenstein und Hohenzollern oder eine Paddeltour mit dem Kanu entlang der unzähligen Burgruinen im wunderschönen Lautertal.

OMA TRESS PLAUDERT AUS DEM NÄHKÄSTCHEN

Oma Tress hat viel Erfahrung, was das Schwingen des Kochlöffels betrifft. Extra für Dich plaudert sie aus dem Nähkästchen. Hier verrät Sie Dir fast vergessene, aber sehr nützliche Tipps und Tricks, um Krisen in der Küche zu verhindern. Ob vor 50 Jahren oder heute: Diese Kniffe sind Gold wert – versprochen!

Oma Tress in ihrer Küche

Du kennst auch praktische Kniffe? Immer her damit! Oder frag Deine Eltern und Großeltern – ich freue mich sehr über jeden neuen Ratschlag! Schreib mir gerne eine E-Mail an: oma@tress.de

Kochkrise 1: Wer hat es nicht schon erlebt – angebrannte Milch! Du rührst fleißig die Milch im Topf um, bis Dein Arm ganz schwer ist, aber es entsteht trotzdem dieser unangenehme Geruch in der Küche!

Oma Tress rät: „Spül den Topf zunächst mit kaltem Wasser aus. Gib dann die Milch hinein und koche sie bei mittlerer Hitze auf. Es mag länger dauern, die Milch im Topf brennt aber nicht an. Übrigens: Wenn Du Glasmurmeln mit in den Topf gibst, bleibt die Milch in ständiger Bewegung. **Achtung!** Nur Murmeln aus Glas verwenden und nicht vergessen, die Murmeln wieder aus dem Topf zu nehmen, bevor Du die Milch weiterverarbeitest oder trinkst!“

Kochkrise 2: Wie schnell ist das passiert – die Hand rutscht aus oder der Salzstreuer öffnet sich. Das Essen ist versalzen! Wenn sich das Salz aufgelöst hat, kannst Du es nicht mehr heraus löffeln.

Oma Tress rät: „Rette das Essen, indem Du es mit Sahne, Milch oder Wasser „streckst“. Eine andere Möglichkeit ist, eine Kartoffel mit in den Topf zu geben. Sie schmeckt nicht nur gut, sondern saugt auch das Salz auf.“

Kochkrise 3: Schon wieder ist eine halbe Zwiebel übrig.

Oma Tress rät: „Lege die Zwiebelhälfte mit der Schnittfläche auf ein Bienenwachs-Tuch oder bestreiche die Schnittfläche der Zwiebel mit Öl. Lege Sie auf einen Teller, so hält sie sich im Kühlschrank ein paar Tage länger!“

Oma Tress rät: „Tupfe das Fleisch vor dem Braten gut mit einem Küchentuch ab, damit es weniger spritzt. Das Spritzen beim Braten wird nämlich von Wasserresten im Fleisch verursacht und nicht vom Bratfett.“

Kochkrise 4: Fettspritzer an der Wand und auf den Klamotten – eine wirklich fiese Sache in der Küche.

Kochkrise 5: Für das Kochen oder Backen benötigst Du die Butter zimmerwarm. Leider hast Du vergessen, diese vorher aus dem Kühlschrank zu holen.

Oma Tress rät: „Schneide die harte Butter in kleine Stücke und lege sie auf einen Teller. Nimm eine Tasse und fülle sie mit kochendem Wasser. Setze nun den Teller mit den Butterstücken auf die Tasse. Das heiße Wasser wärmt den Teller von unten, sodass die Butterstücke ebenfalls Wärme abbekommen. Das soll schneller gehen? Schütte dafür das Wasser wieder aus der Tasse und stülpe diese als Deckel über die Butterstücke. Geschirr speichert Wärme sehr schnell, daher kann die Tasse die Hitze des Wassers schnell annehmen und wieder abgeben.“

Oma Tress rät: „Je härter der Käse, desto leichter ist es, diesen zu reiben. Lege den Käse eine halbe Stunde vor dem Reiben in die Tiefkühltruhe. Damit wird er härter und lässt sich besser verarbeiten. Achtung, die Reibe ist scharf! Je kleiner das Käsestück wird, desto mehr Vorsicht ist geboten. Lass am Ende ein Stück übrig, damit Du Dich nicht verletzt! Das Ende ist zum Naschen da ;)“

Kochkrise 6: Käse zu reiben ist ganz schön anstrengend.

Kochkrise 7: Du setzt das Nudelwasser auf, schaust einmal ganz kurz weg und schon kocht es über.

Oma Tress rät: „In kochendem Wasser setzt sich die Stärke der Nudeln frei und bildet den bekannten Schaum. Gib einige Tropfen Öl oder Butter ins Wasser, das verhindert die Schaumbildung und das schnelle Überkochen.“

Der wichtigste Tipp! Hetze Dich nicht. Verliere nie den Mut, etwas Neues auszuprobieren. Rieche, fühle, taste und schmecke die Zutaten bewusst. Nimm Dir Zeit – eine gute Vorbereitung ist die halbe Kochmütze!

WAS DEIN KÖRPER BRAUCHT

Was bedeutet eigentlich vollwertige Ernährung?

Wenn Du Deinem Körper alles, was er braucht, in der richtigen Menge gibst, dann ist Deine Ernährung vollwertig.

Der Ernährungskreis

Trinke viel (1) – Wasser, Tee und stark verdünnte Säfte. Iss viele pflanzliche Lebensmittel und nimm wenig Nahrungsmittel vom Tier und sehr wenig mit viel Zucker oder Fett zu Dir.

Im Ernährungskreis siehst Du auf einen Blick, was und wieviel Du wovon essen sollst. Iss von allen 7 Gruppen und nutze dabei die Vielfalt aus – probiere ruhig viel aus! Sei neugierig!

Die drei größten Gruppen (2, 3 & 4) beinhalten pflanzliche Lebensmittel – sie sind Basis einer vollwertigen Ernährung. Sie liefern Kohlenhydrate, Vitamine, Mineralstoffe, Ballaststoffe und sekundäre Pflanzenstoffe.

Die Gruppen „Milch & Milchprodukte“ (5) sowie „Fleisch, Wurst, Fisch, Eier“ (6) ergänzen in kleineren Portionen den täglichen Speiseplan. Sie versorgen Deinen Körper mit Eiweiß, Vitaminen und Mineralstoffen. Von der Gruppe der „Öle und Fette“ (7) brauchst Du nur sehr wenig.

Verteile Dein Essen auf 5 Mahlzeiten

Erstes Frühstück
Zweites Frühstück
Warme Mahlzeit am Mittag mit viel Gemüse
Kleine Mahlzeit am Nachmittag
Brotmahlzeit

Was kann man aus Getreide machen?

In Deutschland wird viel Weizen, Dinkel, Roggen und Hafer gegessen. Es gibt aber noch viele andere Getreidesorten wie z. B. Amaranth, Hirse, Polenta, Quinoa usw.

Wir machen daraus Brot, Waffeln, Pfannkuchen, Pizza, Müsli, Nudeln, Bratlinge und vieles mehr. Probiere doch mal Couscous als Beilage oder im Salat – lecker!

Hast Du schon mal Vollkornnudeln gegessen? Sie schmecken prima und halten Dich länger satt!

Experten empfehlen: Mindestens die Hälfte der Getreideprodukte, die Du zu Dir nimmst, sollte aus Vollkorn bestehen.

Was heißt denn Vollkorn?

Wenn bei der Zubereitung das komplette Getreidekorn verwendet wird, ist das Produkt aus Vollkorn.
In Produkten aus Vollkorn stecken viele B-Vitamine, Mineralstoffe, Spurenelemente, Ballaststoffe und hochwertige Fette. Sie sind vor allem in den Randschichten und im Keimling des Getreidekorns enthalten und helfen Dir beim Wachsen. Daher ist Vollkorn so gesund und wertvoll für Dich.

Oft wird vom Getreidekorn nur der Mehlkörper verwendet. Man spricht dann von Feinmehl. Dazu wird die wertvolle Randschicht abgetrennt, die dabei leider verloren geht. Die Waren werden dafür schön hell: z. B. Toastbrot, Baguette oder Croissant.

So ist ein Getreidekorn aufgebaut:

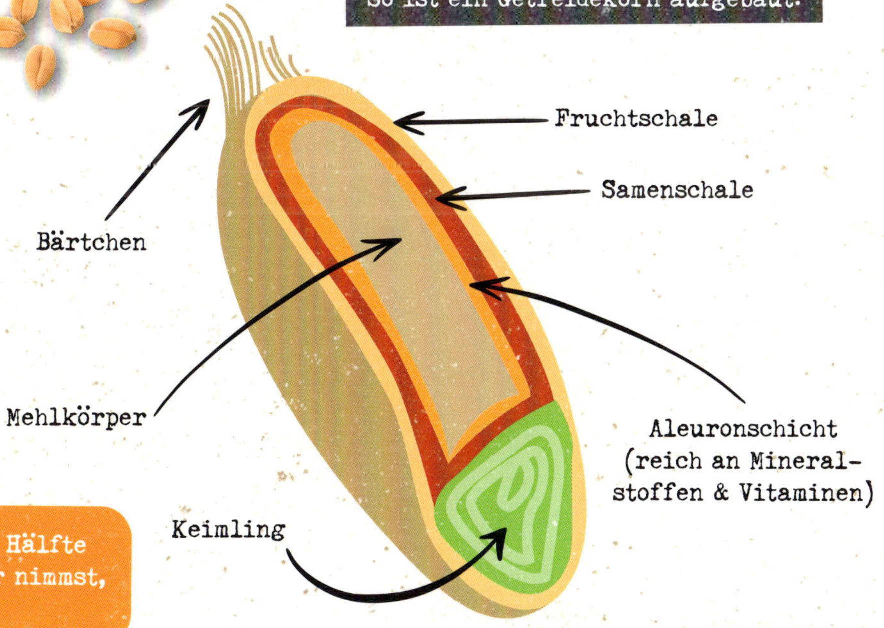

TIPPS FÜR DEINE GESUNDE UND VOLLWERTIGE ERNÄHRUNG

Warum sind Süßigkeiten nicht im Ernährungskreis?

Süßigkeiten liefern uns keine Nährstoffe, der Körper braucht sie also nicht. Dein Körper könnte somit ganz auf Süßigkeiten verzichten. Du auch?

Bewusstes Naschen

Wenn Du gerne naschst, ist das schon okay. Du musst nur aufpassen, dass es nicht zu viel wird. Der enthaltene Zucker ist schlecht für Deine Zähne. Zu viel Zucker kann langfristig zu Übergewicht führen. Zwei kleine Portionen täglich sind erlaubt. Beispiele: 10 Gummibärchen, 1 Glas Limonade, 1 TL Nuss-Nougat-Creme oder 1 Kugel Eis. Nimm Dir Zeit, um Deine Nascherei zu genießen.

Süßigkeiten sind kein Trostpflaster bei Schmerzen oder schlechten Noten. Wenn es Dir mal nicht so gut geht, gibt es noch viele andere richtig gute Seelenwärmer!

Zuckerbomben

Süße Getränke wie Softdrinks und fertige Saftschorlen enthalten sehr viel Zucker – trink also lieber Wasser. Wenn Du Saft magst, solltest Du ihn stark mit Wasser verdünnen.

Auch in fertigen Milchprodukten aus dem Kühlregal steckt sehr viel Zucker. Mische lieber Obst in Deinen Naturjoghurt, so sparst Du viel Zucker!

Rechne mit Deinen Eltern den Zuckergehalt Deiner Lieblingsprodukte aus und überlege Dir, ob Du sie durch zuckerärmere Produkte ersetzen kannst. Um sich den Zuckergehalt besser vorzustellen, könnt Ihr den Gehalt an Würfelzuckerstückchen ausrechnen (1 Würfelzucker = 2,5 g Zucker).

Achtung!
Wenn Du oft naschst, hast Du viel weniger Appetit auf die guten, nährstoffreichen Mahlzeiten, die Dein Körper so sehr mag und braucht.

Liebe Eltern: So werden aus „schwierigen Esser*innen“ schnell „gesunde Esser*innen“!

1. Essen nicht als Erziehungsmaßnahme einsetzen. Sätze wie „Du musst aufessen, damit Du ...“ vermeiden.
2. Verbote gibt es nicht. Die Menge macht‘s!
3. Nicht den Gesundheitswert eines Lebensmittels betonen: Sätze wie „Iss mehr Obst, denn das ist gesund!“ oder „Iss nicht so viele Pommes, die sind ungesund!“ führen zu Ablehnung von als gesund betitelten Lebensmitteln.
4. Kinder brauchen eine liebevolle Begleitung beim Essenlernen, also selber gutes Vorbild sein, Geduld bewahren und dran bleiben.
5. Kinder brauchen keine speziellen Kinderlebensmittel. Die Aufschrift „für Kinder“ bedeutet nicht, dass die Zusammensetzung besonders kindgerecht ist. Im Gegenteil: Hohe Energiegehalte, künstliche Aromen, Fette, viel Zucker und Farbstoffe gehören nicht zu einer vollwertigen Ernährung und begünstigen Übergewicht.

Tricks, um Kinder zum Trinken zu motivieren

1. Getränke immer in Reichweite des Kindes platzieren.
2. Unterwegs immer etwas zum Trinken dabeihaben.
3. Bunte Gläser, Becher und Strohhalme verwenden.
4. Zuprosten!
5. Wasser „aufpimpen“: Kräuter, Zitrone, Früchte, Sirup, Tee oder Blüten werten das Getränk optisch und geschmacklich auf.

Tipps, um Obst und Gemüse schmackhafter zu machen

1. Reifes und saisonales Obst schmeckt besser (vor allem Bioware).
2. Roh und gegart probieren lassen.
3. Das Auge isst mit! Obst klein schneiden und schön anrichten.
5. Gemüserohkost mit Dip anrichten.
6. Gemüse geschickt in Sauce, Suppe, Auflauf oder Waffeln verstecken.
7. Süße Sorten wie Mais, Erbsen oder kleine Möhrchen erleichtern den Einstieg.

Bettina Dörr

Die Diplom-Ökotrophologin und Fachberaterin für Säuglings- & Kinderernährung UGB versorgte uns mit Tipps & Tricks zur vollwertigen Ernährung.

Nützliche Werkzeuge für Koch-Abenteuer

Küchenwaage

Ltr = Liter
ml = Milliliter
1000 ml = 1 Liter

Litermaß

Kg = Kilogramm
g = Gramm
1000 g = 1 KG

Dein Gefühl – ein guter Ratgeber!

1 Prise = mit den Fingern z. B. Salz wie feinen Schneefall in die Menge geben

RICHTIG MESSEN & GEWÜRZE 1X1

Gewürzmühle

Experimentiere wild & mutig mit leckeren Gewürzen und verfeinere raffiniert Deine Gerichte.

Petersilie

Salz

Minze

Oregano

Pfeffer

Thymian

Nelken

Ingwer

Zimt

Rosmarin

Basilikum

Sternanis

DAS KOCH-ABC

A

ablöschen = Eine Zutat wird nach dem Anbraten mit einer Flüssigkeit begossen.

Vorsicht: Beim Ablöschen entsteht heißer Dampf. Bitte halte Sicherheitsabstand!

abschrecken = Etwas nach dem Kochen kurz mit kaltem Wasser übergießen.

al dente = Bissfest gekocht – das heißt gar, aber nicht zu weich.

andünsten = Beim Andünsten wird eine Zutat nur kurz in wenig Fett und evtl. etwas Flüssigkeit vorgegart. Die Zutat soll dabei nicht braun werden!

anrichten = Das Essen schön auf den Tellern verteilen, sodass es einfach zum Anbeißen aussieht.

(ab-)binden = Flüssigkeiten unter Rühren mit Mehl, Soßenbinder oder Speisestärke aufkochen, sodass sie dickflüssiger werden.

B

blanchieren = Beim Blanchieren wird Gemüse kurz in kochendes Wasser getaucht und anschließend mit kaltem Wasser abgeschreckt.

Butter zerlassen = Butter in eine Pfanne oder einen Topf geben, auf den Herd stellen, einschalten und warten, bis die Butter flüssig wird.

E

einkochen = Das Gericht auf dem Herd bei mittlerer Hitze und offenem Deckel köcheln lassen, sodass die Flüssigkeit verdampft. Dadurch wird z. B. eine Soße dickflüssiger.

Eischnee schlagen = Das Eiweiß wird mit dem Handrührgerät solange gerührt, bis die Masse fest ist.

Test: Halte die Schüssel über Deinen Kopf. Wenn die Masse in der Schüssel bleibt, hast Du alles richtig gemacht :-)

erhitzen = Die Zutat warm machen, aber nicht kochen.

F

frittieren = Beim Frittieren wird etwas in heißem Fett schwimmend ausgebacken. Die Temperatur des Fettes ist richtig, wenn sich an einem eingetauchten Holzlöffelstiel kleine Bläschen bilden.

Vorsicht: Frittierfett ist sehr heiß, kann spritzen und Dich verbrennen. Halte Sicherheitsabstand und füge auf keinen Fall Wasser hinzu!

G

garnieren = Den Teller mit etwas essbarer Deko verzieren.

Gemüsebrühe hinzugeben = Gemüsebrühwürfel oder -pulver mit warmem Wasser vermischen. 1 gehäufter TL ergibt 250 ml Brühe.

geriebene Zitronenschale / Zitronenabrieb = Eine Zitrone mit verzehrbarer Schale zuerst waschen und abtrocknen. Dann nur das Äußere der Schale (nicht das Weiße!) mit einer Reibe abreiben.

Tipp: Am besten gelingt das, wenn Du ein Stück Backpapier über die Reibe legst und die Frucht vorsichtig darüber reibst.

glasig anbraten = Die Zutat (meist Zwiebeln) anbraten, bis sie fast durchsichtig sind.

gratinieren = Im Ofen überbacken.

H

hacken = Die Zutat zerkleinern, z. B. bei Kräutern mit einem speziellen Wiegemesser.

Vorsicht: Pass gut auf Deine Finger auf!

Hackfleisch feinkrümelig anbraten = Hackfleisch braten, dabei mit dem Kochlöffel in kleine Hackfleischstückchen zerteilen.

Herd zurückschalten = Mit geringerer Hitze kochen, indem Du die Herdplatte auf eine kleinere Stufe (= Zahl) einstellst.

M

marinieren = Beim Marinieren wird etwas gewürzt und dann eine Zeit in Ruhe gelassen, sodass das Gewürz einziehen kann und ein besonders guter Geschmack entsteht.

Mehlschwitze = Basis für eine Soße aus Mehl und Butter.

N

Nudelwasser aufsetzen = Einen großen Topf mit Wasser füllen und diesen auf den Herd stellen. Den Herd auf die höchste Stufe einschalten, sodass das Wasser kochen kann. Während das Wasser zum Kochen gebracht wird, kannst Du mit dem Rezept fortfahren.

Tipp: Mit einem Deckel auf dem Topf geht das Wasserkochen schneller!

Nudelwasser sprudelt = Das Wasser ist heiß und beginnt zu blubbern.

Vorsicht: Kochendes Wasser ist sehr heiß und kann Dich verbrennen!

P

panieren = Eine Zutat zuerst in Mehl, dann in Ei und zuletzt in Semmelbröseln wenden.

passieren = Eine Zutat durch ein Sieb streichen, sodass große Stücke oder z. B. Kerne im Sieb zurückbleiben.

Portionen schneiden / teilen = Ein Gericht aufteilen, sodass für jeden die richtige Menge auf dem Teller landet.

Prise Salz = Kleine Menge Salz, die Du mit zwei bis drei Fingern fassen kannst.

T

Teig ausrollen = Den Teig mit einem Nudelholz zu einer dünnen Platte ausrollen.

Q

quellen lassen = Die Zutat muss in der Flüssigkeit bleiben, um diese aufzusaugen.

U

unterziehen / unterheben = Eine Zutat vorsichtig unter eine Masse mischen.

Tipp: Mach keine schnellen Bewegungen, sondern rühre sehr vorsichtig um.

W

würfeln = Eine Zutat in kleine Würfel schneiden. Erst in Scheiben, dann in Würfel.

DIE VOR-DEM-KOCHEN-CHECKLISTE

- ✓ Habe ich alle Zutaten bereitgestellt?
- ✓ Habe ich alle nötigen Gegenstände parat?
- ✓ Habe ich die Hände gewaschen und sollte ich meine Haare zurückbinden?
- ✓ Habe ich genügend Platz und ist meine Arbeitsfläche sauber?
- ✓ Steht meine Küchenhilfe bereit?

Benutze Ofenhandschuhe, wenn Du etwas in den heißen Backofen schiebst oder wieder herausholst.

Bitte denke daran, dass der Herd beim Kochen heiß wird! Fasse nicht auf die Platte! Leg kein Tuch auf dem Herd ab und stell keine Schüssel auf das heiße Kochfeld!

Denke daran, dass der Backofen nicht nur innen, sondern auch außen heiß wird. Fasse ihn nur am Griff an! Halte beim Öffnen der Backofentür etwas Sicherheitsabstand – es könnte sein, dass heißer Dampf herauskommt.

Sei immer vorsichtig, wenn Du ein Messer, eine Schere oder anderes Besteck in den Händen hältst. Bitte nicht rennen, hüpfen oder springen.

Sollte mal etwas danebengehen und auf den Boden fallen, wische es gleich auf. Es besteht sonst Ausrutschgefahr!

Wenn Nudeln im Rezept weiterverarbeitet werden, solltest Du immer zuerst das Nudelwasser aufsetzen. Denn es dauert eine Weile bis eine solche Menge Wasser kocht.

Fleisch oder Fisch solltest Du unter kaltem Wasser abwaschen und vorsichtig trocken tupfen. Dann spritzt es beim Anbraten nicht so sehr.

Gemüse und Obst immer erst gründlich waschen! Tipp: Die Schale der meisten Gemüse- und Obstsorten kann mitgegessen werden. Du solltest die Schale aber vor allem dann entfernen, wenn sie zu hart oder zäh ist.
Nähere Anweisungen dazu findest Du in den Rezepten!

DIE NACH-DEM-KOCHEN-CHECKLISTE

- ✓ Sind alle Herdplatten und der Backofen ausgeschaltet?
- ✓ Sind alle Gegenstände gespült oder in die Spülmaschine geräumt?
- ✓ Sind übrig gebliebene, angebrochene Zutaten ordentlich verstaut?
- ✓ Sind Arbeitsflächen und Boden sauber?
- ✓ Ist der Müll weggeräumt und im richtigen Mülleimer gelandet?
- ✓ Wie hat's geschmeckt?

TISCHLEIN, ICH DECK DICH!

Bevor Du mit dem Tischdecken beginnst, kannst Du überlegen, ob Du eine Unterlage verwenden möchtest. Für festliche Anlässe macht eine Tischdecke viel her. Für den Alltag sind Tischsets praktisch, die Du abwischen oder ausschütteln kannst.

Kleines Brotmesser und kleiner Teller

Salatteller

Dessert

Wasserglas

Es soll eine sehr feierliche Tafel werden? Dekoriere den Tisch mit gefalteten Servietten, bunten Blumen oder stelle Tischkarten für Deine Gäste her.

Vorspeise

Hauptgang

Wie ein Tisch richtig eingedeckt wird, wenn es mal schicker sein soll, zeigen wir Dir hier. Damit bist Du für das nächste Festmahl stilsicher vorbereitet. Denn auf dem Tisch hat alles seinen bestimmten Platz.

Für tägliche Familienessen benötigst Du für jede*n Esser*in meist nur Löffel, Gabel, Messer, Teller und ein Glas. Bei größeren Anlässen ergänzt Du dieses Grundgedeck – je nach Anzahl der Gänge und Beschaffenheit der Speisen.

Hauptgang

Vorspeise

Suppe

Tiefe Teller werden für Suppen und Eintöpfe eingedeckt, flache Teller für Pasta- und Hauptspeisen.

Besteht der Hauptgang aus einem Fischgericht, so wird anstelle des Hauptgangmessers ein Fischmesser aufgedeckt.

Fischmesser

ZUSAMMEN AN EINEM TISCH

1) Jede*r kann Küchenhelfer*in sein. Egal, wie alt Du bist – in der Küche dürfen alle mitmachen. Du kannst auch gerne den Wochenspeiseplan mitgestalten.

2) Alle lassen einander ausreden und hören sich gegenseitig zu. Ist die Stimmung am Tisch gut, ist das gemeinschaftliche Essen für alle bereichernd.

3) Gemeinsam entwickelte Rituale – das können Sprüche, Lieder oder Reime sein – läuten das gemeinsame Essen ein und bringen Deine Familie zusammen.

Wie bei einem Kochrezept besteht ein Familienessen ebenfalls aus ganz bestimmten Zutaten, damit es für alle schön und gemütlich wird. Ich verrate Dir hier die Top 10 Zutaten, mit denen das ganz sicher gelingt.

4) Iss in aller Ruhe und kaue langsam. Genieße Deine Mahlzeiten bewusst und mit allen Sinnen. Bleib in Deinem Tempo, denn es eilt hier gar nicht!

5) Egal, welche Speise auf den Tisch kommt, es gibt immer eine Person, die diese mit Liebe und Sorgfalt zubereitet hat und sich über ein „Danke" von Dir freut.

6) Einmal probieren tut gar nicht weh! Und vielleicht verpasst Du sonst sogar was?! Wenn es Dir dann trotzdem nicht schmeckt, ist das in Ordnung.

7) Ab 30 Gramm wird's undeutlich. Mit vollem Munde sprechen, schmatzen, schlürfen, rülpsen gehört nicht an den Esstisch. Das ist einfach nur sehr unhöflich.

8) Genauso wichtig wie der gemeinsame Beginn ist das gemeinschaftliche „Aufheben" der familiären Tafelrunde. Genieße die Zeit zusammen am Tisch.

9) Das Finale des Familienessens: Jede*r hilft beim Abwaschen mit. Dann ist das flott erledigt, alle haben schneller frei und freuen sich riesig darüber!

10) Die wichtigste „Zutat" ist natürlich: Deine Familie!

WISSENSWERTES ZU DEN REZEPTEN

Suppen, Nudelsalate, Hauptgerichte, Süßes: Ob Anfänger*in, bereits erfahrene*r Koch*in oder Vollprofi – wir haben leckere Nudel- und Spätzlerezepte für alle Fälle! Die Anzahl der Kochmützen am Rezept zeigt Dir den Schwierigkeitsgrad an. So kannst Du einschätzen, was auf Dich zukommt. Das Allerwichtigste ist, dass Dir das Kochen Spaß macht. Es schadet nie, einen Erwachsenen als Küchenhilfe an Bord zu holen. In der Küche ist viel los – hantiere stets vorsichtig mit Messern und heißen Dingen.

Azubi*ne: Rezepte mit einfachen, aufeinanderfolgenden Arbeitsschritten, die wenige Kochwerkzeuge erfordern. Probiere Dich aus und hab keine Angst, etwas zu verderben.

Küchenchef*in: Bei diesen Rezepten mit mehrstufigen Arbeitsschritten geht es schon etwas mehr zur Sache – es wird geknetet, geformt oder püriert. Ein bischen Übung macht Dich hier zum*zur Meister*in.

Kochmagier*in: Diese Rezepte sind die Kür. Hier laufen viele Arbeitsschritte gleichzeitig ab. Du benötigst einige Übung, Magie, Schnelligkeit und Fertigkeit. Lass Dich davon nicht abhalten – Du schaffst das!

Mit Fleisch, Fisch, vegetarisch oder vegan? Die entsprechenden Rezepte erkennst Du an den Symbolen. So kannst Du gezielt Deine Lieblingsgerichte auswählen. Viele der Rezepte kannst Du ganz einfach in vegetarische Gerichte umwandeln. Unser Linsen- und Spätzle-Rezept zum Beispiel schmeckt auch Vegetarier*innen gut – lass einfach die Würstchen weg. Wenn Du ganz auf tierische Produkte verzichten möchtest, kannst Du unsere Veggie-Gerichte leicht anpassen. Statt Eierteigwaren verwende unsere Pasta Tradizionale, Dinkelnudeln, lass den Käse weg oder setze vegane Ersatzprodukte ein.

Zeitaufwand in Minuten: Diese Zeitspanne kannst Du für die jeweilige Rezeptzubereitung einplanen. Jedes Gericht ist unterschiedlich aufwendig, so auch die Zubereitungszeit. Deine Geduld wird beim Kochen manchmal auf die Probe gestellt. Das macht aber nichts, denn die gute Nachricht ist: Ein leckeres Gericht mag seine Zeit zum Enstehen brauchen, schmeckt am Ende aber dafür umso besser!

Für 4 hungrige Personen: Familien sind unterschiedlich groß, die Geschmacksvorlieben der einzelnen Mitglieder liegen oft weit auseinander. Einer „haut rein", der Nächste ist eher wählerisch, die dritte ist ein süßes Schleckermäulchen. Die Mengen unserer Rezepte sind für vier erwachsene Personen ausreichend. Passe bei Deiner Menüplanung die Mengen dem Appetit Deiner Gäste entsprechend an.

WIE PRAKTISCH! HINWEISE & TIPPS

Krea(k)tiv werden! Dann vergeht die Warterei zwischen den einzelnen Arbeitsschritten und auf das Essen im Nu. Im hinteren Teil des Buchs warten spannende Seiten mit Anregungen zum Basteln, Malen und Raten auf Dich. Auf unserer Internetseite **www.tress.de** findest Du ständig viele weitere tolle Rezept- und Kreativideen.

Keine Chance, Fleckenzwerge!

In der Küche geht es oft drunter und drüber: Die Soße blubbert auf das Kochbuch, Dressing spritzt über die Seiten, klebrige Finger hinterlassen Abdrücke auf dem Einband. Das passiert sogar den Profis. Dein leckeres Essen sollte jedoch das einzige sein, das einen bleibenden Eindruck hinterlässt! Daher haben wir das Kochbuch mit einem praktischen Kleckerschutz versehen. Du kannst die Rezeptseiten ganz einfach mit einem feuchten Küchentuch abwischen und die lästigen Fleckenzwerge verschwinden auf Nimmerwiedersehen! Oder zumindest bis zur nächsten Küchenschlacht ;-)

Hinweis zum Platzsparen

Auf der Küchenarbeitsfläche brauchst Du Platz, um Dich beim Kochen richtig auszutoben. Was aber, wenn das Kochbuch ständig im Weg herumliegt? Damit Du ungestört werkeln kannst, ist das Buch so stabil konstruiert, dass es sich einfach aufstellen lässt. So sparst Du Platz und hast Dein Rezept jederzeit perfekt im Blick.

Ein kleiner Tipp für alle, die das Kochbuch gerne ganz von der Arbeitsfläche verbannen wollen: Nimm Dir einen Hosenbügel aus dem Kleiderschrank und klemme das Kochbuch ein, als ob es eine Hose wäre (siehe Zeichnung). Dann hängst Du es einfach an einen Griff in der Küche. Schon ist es aus dem Weg, aber bleibt in Sicht- und Reichweite!

Sommer, Sonne, Grillgebrutzel, Gartenparty – was darf dabei auf keinen Fall fehlen? Kunterbunte Nudelsalate! Zu Grillwürstchen & Co. sind sie ein Hit, beim Picknick sorgen sie für den besonderen Kick und beim Geburtstagsbuffet werden sie garantiert als erstes weggefuttert.

Oh, là, là! Gemüse, Salat & Obst – das ist kulinarisch genau <u>mein Ding.</u> Wie appetitlich!

Salat, Obst und Gemüse solltest Du immer gut waschen. Fleischeinlagen in Wurm- oder Insektenform wollen bestimmt nicht nur Vegetarier*innen vermeiden.

Gemüsefreund*innen! Wir sind im Salat-paradies gelandet – rasch, mir nach!

NUDELSALATE

Da haben wir den (Nudel-)Salat!

Auf den folgenden Seiten findest Du leckere Nudelsalat-Rezepte: gemüsig, knackig, fruchtig, würzig – ganz nach Deinem Geschmack. Natürlich kannst Du Deiner Fantasie freien Lauf lassen und Nudeln und Zutaten nach Herzenslust kombinieren. Sei kreativ und trau Dich ran an den Salat!

Griechische Version

200 g Feta
150 g Oliven ohne Stein
2 Paprika
1 Zwiebel
½ Gurke, geschält und entkernt
100 g griechischer Joghu
für das Dressing

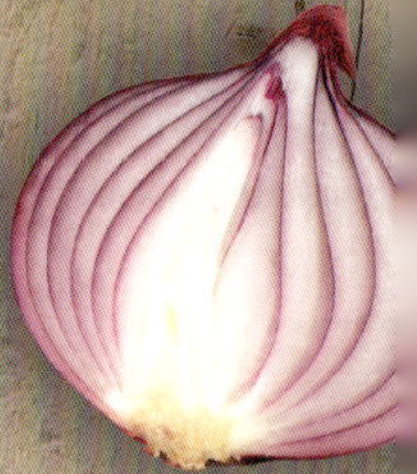

Italienische Version

200 g Cocktailtomaten
1 Bund Rucola
150 g getrocknete Tomaten
50 g Pinienkerne
50 g geriebener Parmesan
2 Zweige Basilikum

Balsamico Essig statt Apfelessig

Fruchtige Version

150 g Wassermelone
150 g Feta

Immer Nudelsalat, aber immer anders

Für 4 hungrige Personen | Nudelsalate | kommt drauf an | mit ohne alles | Du bestimmst

Zutaten

400 g Nudeln Deiner Wahl
350 g Zutaten nach Belieben

Für das Dressing:
5 EL Gemüsebrühe
5 EL Olivenöl
4 EL Apfelessig
etwas Senf
Salz & Pfeffer

Zubereitung

Teil 1:
Koche die Nudeln nach Packungsangabe. Fülle sie nach dem Abtropfen in eine große Salatschüssel.

Für das Dressing: Gib die restlichen Zutaten in ein Deckelglas, verschließe es gut und schüttle es solange, bis sich das Öl mit dem Essig, dem Senf und der Brühe verbunden hat.

Jetzt kannst Du überlegen, welche Zutaten noch in Deinen Salat sollen.

Hier ein paar Ideen:
150 g tiefgekühlte Erbsen, aufgetaut
150 g Cocktailtomaten
150 g (Essig-)Gurken
150 g frische Champignons
5 Radieschen
100 g Mais aus der Dose, abgetropft
100 g Schinken(-würfel)
100 g Salami(-würfel)
150 g Thunfisch aus der Dose, abgetropft
Schnittlauch

Teil 2:
Hast Du Dich entschieden? Dann schneide die gewählten Zutaten in kleine Würfel und gib sie zu den Nudeln in die Salatschüssel. Vermenge anschließend alles vorsichtig mit dem Dressing.

Siehst Du die
gelben Schmetterlinge dort?
Ach nein, ich Dummerchen, das
sind ja Farfalle-Nudeln! Die sehen
Zitronenfaltern aber zum
Verwechseln ähnlich :)

Nudelsalat mit gegrilltem Gemüse

Für 4 hungrige Personen | Nudelsalate | ca. 45 Minuten | vegetarisch | Küchenchef*in

Zutaten

400 g Tress Farfalle
1 gelbe Paprika
1 rote Paprika
1 Zucchini
200 g Champignons
200 g Kirschtomaten
150 g Mini-Mozzarella
2 EL Olivenöl
1 Bund Basilikum, Blätter abzupfen

Für das Dressing:
3 EL Olivenöl
4 EL Balsamico Essig
Prise Zucker
Salz & Pfeffer

Zubereitung

Heize zuerst den Backofen auf 200 °C (Umluft) vor und koche die Nudeln nach Packungsangabe.

Halbiere die Paprikaschoten, entferne die Kerne, den Stiel und die weißen Fasern im Inneren und verteile die Paprikahälften auf einem Backblech.

Gib das Blech für etwa 20 Minuten in den vorgeheizten Ofen. Wenn die Paprikas eine dunkle Haut bekommen und Blasen werfen, sind sie fertig. Nimm die Paprikas dann aus dem Ofen, decke sie mit einem Küchentuch ab und lasse sie etwas abkühlen. Ziehe anschließend die Schale vorsichtig ab und schneide die Paprikas in mundgerechte Stücke.

Halbiere die Zucchini der Länge nach und schneide sie in 5 mm dicke Scheiben. Schneide auch das trockene Ende am Fuß der Champignons ab und halbiere die Pilze.

Gib das Gemüse in eine Schale und vermische es mit 2 EL Olivenöl. Erhitze eine (Grill-)Pfanne und grille das Gemüse darin von beiden Seiten.

Halbiere die Kirschtomaten und den Mini-Mozzarella und gib beides in eine große Schüssel. Füge das abgekühlte Grillgemüse, die Nudeln und die Basilikumblätter hinzu. Mariniere den Salat mit dem übrigen Olivenöl, dem Balsamico Essig sowie mit Salz, Pfeffer und einer Prise Zucker.

Mach hier mal nicht so 'ne Welle, Du Spätzle. Ich kann das viel besser!

Linsen-Wellenspätzle-Salat mit Bergkäse

Für 4 hungrige Personen | Nudelsalate | ca. 40 Minuten | vegetarisch | Azubi*ne

Zutaten

300 g Tress Wellenspätzle
150 g Berglinsen
100 g Bergkäse
1 rote Zwiebel
1 Bund glatte Petersilie, Blätter abzupfen!
2 kleine rote Äpfel
1 EL Zitronensaft
1 Bund Rucola

Für das Dressing:

4 EL Rapsöl
2 EL Olivenöl
6 EL Apfelessig
Salz & Pfeffer

Zubereitung

Koche zuerst die Wellenspätzle nach Packungsangabe.

Gare in der Zwischenzeit die Berglinsen in köchelndem Salzwasser bei mittlerer Hitze.

Nach ungefähr 25 Minuten sollten sie bissfest sein. Gieße sie nun in ein Sieb, schrecke sie mit kaltem Wasser ab und lasse sie abtropfen.

Schneide die Zwiebel und den Bergkäse in feine Würfel.

Schneide dann die Petersilie und die Äpfel in feine Streifen und mariniere die Apfelstreifen mit Zitronensaft.

Für das Dressing: Verrühre Rapsöl, Olivenöl, Apfelessig, Salz und Pfeffer.

Gib alle Zutaten in eine Schüssel und vermenge sie mit dem Dressing. Würze mit Salz und Pfeffer nach und hebe zuletzt den Rucola vorsichtig unter.

<u>Unser Tipp</u>:
Gabeln und Servietten einpacken. Für die Veggie-Variante einfach Schinken weglassen.

Hörnchen-Schichtsalat „to go"

Für 4 hungrige Personen | Nudelsalate | ca. 25 Minuten | Mit Fleisch | Azubi*ne

Zutaten

300 g Tress Hörnchen
100 g Kirschtomaten
100 g Bergkäse
100 g gekochter Schinken am Stück
100 g tiefgekühlte Erbsen, aufgetaut
100 g Mais aus der Dose, abgetropft

Für das Dressing:

3 EL Balsamico Essig
1 EL Ketchup
1 TL Senf
4 EL Sonnenblumenöl
2 Zweige Basilikum
Salz & Pfeffer

Zubereitung

Koche zuerst die Hörnchen nach Packungsangabe.

Halbiere in der Zwischenzeit die Kirschtomaten.

Entferne die Rinde von dem Bergkäse und schneide ihn in kleine Würfel. Schneide den Schinken ebenfalls in kleine Stücke.

Gib die Erbsen, die Nudeln, die Tomaten, den Schinken, den Käse und den Mais Schicht für Schicht in Gläser mit Schraubverschluss und verschließe diese gut.

Verrühre für das Dressing den Balsamico Essig mit 2 EL Wasser, Ketchup, Senf, Sonnenblumenöl, Salz und Pfeffer.

Zupfe die Basilikumblätter von den Stielen, hacke sie fein und rühre sie unter das Dressing.

Fülle das Dressing in ein kleines Schraubglas, schüttel es vor dem Servieren nochmal gut durch und gib es pünktlich zum Essen über den Salat.

Meine Großmutter sagt immer: „Eine gute warme Suppe ist ein Teller flüssiges Glück!"
Also, meine Oma sagt immer: „Lauchsuppe ohne 'L' ist auch Suppe!"

NUDELSUPPEN

Ich koche jetzt mein eigenes (Nudel-)Süppchen!

Egal ob als Vorspeise oder als Hauptgericht – eine Suppe passt immer auf den Speiseplan. Nicht nur an kalten Tagen ist eine heiße Suppe köstlich. Damit keine Langeweile aufkommt, tummeln sich Nudeln, Klößchen oder sogar Gemüsewinzlinge in unseren Rezepten. Bist Du ein echter Suppenkasper? Dann heißt es jetzt schnippeln, rühren und probieren.

Hol schnell Deinen Teller her, einmal Suppe – bitte sehr!

In diesem Rezept findet sich allerlei kunterbuntes Gemüse! Bist Du ein Gemüseexperte? Kannst Du die Gemüsesorten auf dieser Seite benennen? Versuch es doch mal!

Unser Tipp:
Ein wenig saure Sahne oder Parmesan verfeinern Deine Minestrone!

Minestrone

Für 4 hungrige Personen | Suppen | ca. 55 Minuten | vegan | Azubi*ne

Zutaten

100	g	Gabelnudeln
4		Karotten, mittelgroß
½		Zucchini
½		rote Paprika
½		grüne Paprika
300	g	Erbsen
1		Zwiebel
1		Tomate, mittelgroß
1	El	Tomatenmark
50	g	Knollensellerie
50	g	Lauch oder Frühlingszwiebeln
1		Knoblauchzehe, geschält
3	El	Olivenöl
800	g	Gemüsebrühe
1		Bund Basilikum, Blätter abzupfen!
		Salz & Pfeffer

Zubereitung

Schneide die Karotten, Zucchini, Paprikas, Tomate, Sellerie in jeweils 1 cm große Stücke. Entferne das Wurzelende des Lauchs und die trockenen, dunkelgrünen Blätter, bevor Du ihn in Scheiben schneidest.

Schäle die Zwiebel und schneide sie in kleine Würfel. Mach das Gleiche mit der Knoblauchzehe oder benutze eine Knoblauchpresse.

Erhitze einen Topf auf der Herdplatte und füge Olivenöl hinzu. Dünste die Zwiebel und den Knoblauch darin goldgelb an.

Füge die Karotten, die Zucchini, die Paprikas, die Tomate, den Sellerie und den Lauch hinzu. Lass alles etwa 2-3 Minuten mitdünsten.

Gib das Tomatenmark zu der Gemüsemischung und lass es weitere 2-3 Minuten mitbraten. Lösche alles mit der Gemüsebrühe ab. Warte, bis die Suppe aufkocht und füg dann die Gabelspaghetti und die Erbsen hinzu.

Schmeck die Suppe mit Salz und Pfeffer ab und lass diese bei mittlerer Hitze etwa 10-15 Minuten köcheln. Bestreue die Suppe vor dem Servieren mit frischen Basilikumblättern.

Beachtung bitte! Gemüse- oder Fleischbrühepulver in warmem Wasser auflösen, so entstehen keine Klumpen! Merke: Ein gehäufter Teelöffel Pulver ergibt 250 ml Brühe!

Buchstabensuppe mit Fleischbällchen

Für 4 hungrige Personen | Suppen | ca. 30 Minuten | Mit Fleisch | Küchenchef*in

Zutaten

100 g Tress Buchstaben

Für die Fleischbällchen:

350 g Rinderhackfleisch
1 TL Senf
2 EL Semmelmehl
1 Ei
2 EL Sahne

2 kleine Karotten
1 kleine Zucchini
1 Frühlingszwiebel
1 l Fleischbrühe
100 g tiefgekühlte Erbsen, aufgetaut
1 EL Schnittlauch, in feine Röllchen geschnitten
Salz & Pfeffer

Zubereitung

Vermische das Hackfleisch mit Senf, Semmelmehl, Ei und Sahne in einer Schüssel. Würze mit Salz und Pfeffer. Forme aus der Masse kleine Fleischbällchen und stelle sie beiseite.

Gib die Nudeln in einen Topf mit kochendem Salzwasser und koche sie nach Packungsangabe.

Schneide die Karotten und die Zucchini in feine Würfel. Die Frühlingszwiebel schneidest Du in feine Ringe.

Gib die Fleischbrühe in einen Topf, koche sie auf und gib die Fleischbällchen hinein. Reduziere die Hitze und lass sie etwa 3 Minuten leicht köcheln.

Füge nun das klein geschnittene Gemüse in den Topf und lass es weitere 3 Minuten köcheln, bevor die Erbsen und die Nudeln in den Topf dürfen.

Nach weiteren 3 Minuten Kochzeit kannst Du die Buchstabensuppe in Tellern anrichten. Stelle vor dem Anrichten sicher, dass die Fleischbällchen gar sind und verlängere ggf. die Kochzeit.

Bestreue vor dem Servieren die Suppe mit Schnittlauch.

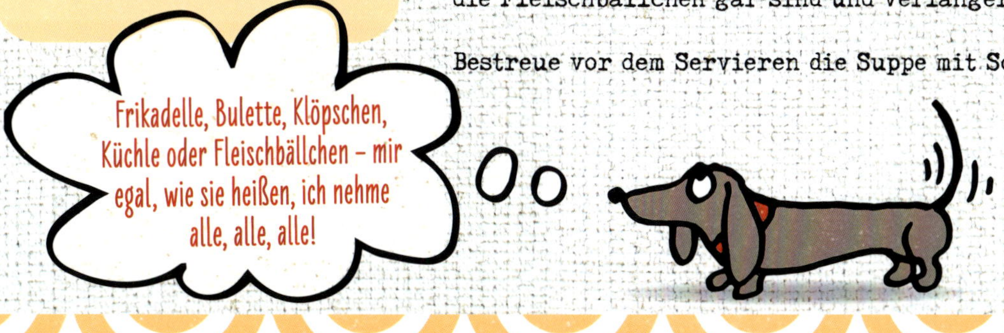

Huhu! Hast Du etwa Tomaten auf den Augen? Ich bin hier oben und warte auf Dich!
Nur Geduld! Ich bin vielleicht nicht die Allerschnellste, aber ich habe immer alles im Blick!

Frische Tomatensuppe

Für 4 hungrige Personen | Suppen | ca. 35 Minuten | vegetarisch | Küchenchef*in

Zutaten

300	g	Tress Drelli Nudeln
400	g	Tomaten
200	g	Gemüsebrühe
20	g	Tomatenmark
1		Zwiebel
1		Knoblauchzehe, geschält
2	El	Olivenöl
		Muskatnuss, frisch gerieben
		Salz & Pfeffer

Zubereitung

Schneide die Tomaten auf der Unterseite mit einem Messer kreuzförmig ein. Lege sie in eine Schüssel und übergieße sie mit kochendem Wasser. Nimm die Tomaten nach etwa 1-2 Minuten vorsichtig mit einem Löffel aus dem heißen Wasser und gib sie in eine Schale mit (eis-)kaltem Wasser. Nimm die Tomaten aus dem kalten Wasser und lass sie abtropfen.

Ziehe die Tomatenhaut von der eingeritzten Stelle aus mit einem kleinen Messer ab. Schneide die Tomaten in acht gleich große Stücke und entferne den Stielansatz und die Kerne im Inneren.

Gib die Nudeln in einen Topf mit kochendem Salzwasser und koche sie nach Packungsangabe.

Schäle die Zwiebeln und den Knoblauch. Schneide beides in kleine Würfel oder verwende eine Knoblauchpresse für den Knoblauch.

Erhitze das Olivenöl leicht in einem Topf. Gib Zwiebeln und Knoblauch hinzu und dünste beides an. Füge nun das Tomatenmark in den Topf und lass alles etwa 1 Minute zusammen köcheln.

Dünste die Tomatenwürfel etwa 2-3 Minuten im Topf mit an. Lösche mit Gemüsebrühe ab und lass alles etwa 15 Minuten bei mittlerer Hitze köcheln. Schmecke mit Muskatnuss, Salz und Pfeffer ab.

Püriere die fertige Suppe mit einem Pürierstab. Nun dürfen auch die Nudeln in den Topf. Lass alles nochmal kurz aufkochen. Serviere die Suppe in tiefen Suppenschalen.

Unser Tipp für Vegetarier*innen: Fleischbrühe einfach durch Gemüsebrühe ersetzen.

Sternchensuppe mit Kräuter-Käse-Klößchen

Für 4 hungrige Personen | Suppen | ca. 30 Minuten | Mit Fleisch | Küchenchef*in

Zutaten

100 g Tress Sternchen

Für die Klößchen:
100 g Allgäuer Bergkäse
50 g Butter, Zimmertemperatur
60 g Mehl, gesiebt
1 Eigelb
3 EL frische Kräuter, fein geschnitten (z. B. Petersilie, Schnittlauch, Kerbel)

2 Karotten, mittelgroß
200 g Staudensellerie

800 ml Fleischbrühe
Salz & Pfeffer

Zubereitung

Reibe den Allgäuer Bergkäse fein und vermenge ihn mit der Butter und dem Mehl. Gib das Eigelb hinzu und verarbeite alles zu einer glatten Masse.

Mische nun die Kräuter unter die Käsemasse und schmecke alles mit Salz und Pfeffer ab.

Forme aus der Masse kleine mundgerechte Klößchen und stelle diese erstmal beiseite.

Koche nun die Fleischbrühe in einem Topf auf und gare die Klößchen etwa 20 Minuten lang darin.

Gib in der Zwischenzeit die Nudeln in einen Topf mit kochendem Salzwasser und koche sie nach Packungsangabe. Gieße sie nach Ende der Garzeit durch ein Sieb ab.

Schneide die Karotten und den Staudensellerie in Würfel und füge beides in den Topf hinzu.

Nach vollendeter Garzeit der Klößchen dürfen auch die Nudeln in den Suppentopf. Richte die Suppe in tiefen Tellern an und bestreue sie vor dem Servieren mit frischen Kräutern.

Selbst ist der Bär, lieber Bär! Kochmütze auf, Schürze an und ran an den Herd! Selbstgekocht, hübsch angerichtet und in lustiger Runde gemeinsam gegessen – da schmeckt's gleich nochmal doppelt so gut. Probier es einfach mal aus!

Die Bastelanleitung für Deine Kochmütze findest Du hier:
www.tress.de/kinderkochbuch
Oder einfach QR-Code abscannen:

HAUPTGERICHTE

Auf die Hauptgerichte, fertig, los!

Die Hauptspeise ist der wichtigste Teil eines Menüs. Sie macht satt, zufrieden und füllt jedes noch so große Loch im Bauch. Egal ob in Kombination mit Fisch, mit Fleisch oder vegetarisch – die folgenden Nudel- und Spätzlerezepte sind superlecker und meist im Nu zubereitet.

Das brauchst Du zur Konstruktion Deiner Spaghetti-Monster:

Auf der rechten Seite findest Du das Rezept dazu. Viel Spaß beim Kreieren Deiner Spaghetti-Monster!

So, so ähnlich oder ganz anders könnten dann Deine lustigen Monsterchen aussehen.

Unser Tipp:
Gemeinsam macht alles noch mehr Spaß! Dieses Rezept ist der absolute Renner auf Deiner nächsten Party.

Spaghetti-Monster

Für 4 hungrige Personen | Hauptgerichte | ca. 30 Minuten | Mit Fleisch | Küchenchef*in

Zutaten

200 g	Tress Spaghetti
5–6	Wiener Würstchen

Für die Soße:

1–2	Zwiebeln
1 EL	Tomatenmark
400 g	passierte Tomaten
2 EL	Sonnenblumenöl zum Braten
	Salz & Pfeffer

Zubereitung

Teile die Würstchen in 5–6 cm lange Stücke. Schneide dann die Stücke von unten bis zur Mitte kreuzförmig ein, sodass vier Füßchen entstehen.

Nun ist Fingerspitzengefühl gefragt! Piekse langsam die noch ungekochten Spaghetti durch die Würstchenstücke hindurch. Ob von oben nach unten oder von rechts nach links, ist egal. Es sind schließlich Deine Monster!

Jetzt dürfen die Monster baden: Stelle einen großen Topf mit Wasser auf den Herd und bringe das Wasser zum Kochen. Gib 2 EL Salz hinzu, sobald es sprudelt. Reduziere die Hitze und warte, bis das Wasser nicht mehr blubbert.

Gib nun die Spaghetti-Monster vorsichtig mit einer Kelle oder einem großen Löffel ins Wasser. Die Monsterchen brauchen ab jetzt etwa 14 Minuten im Topf, bis sie fertig sind.

Bereite in der Zwischenzeit die Soße zu: Schäle die Zwiebeln und schneide sie klein. Erhitze das Öl in einer Pfanne und brate die Zwiebeln darin goldbraun an. Gib das Tomatenmark in die Pfanne und brate es etwa 1 Minute mit – dabei fleißig umrühren.

Füge die passierten Tomaten hinzu, schmecke die Soße mit Salz und Pfeffer ab und lass sie 5 Minuten leicht köcheln.

Platziere nun die Monster auf vier Teller und verteile die Tomatensoße darüber.

Ciao, cari amici! Ich bin
Tagliatelle – meinen Ursprung habe ich in der
Region Emilia-Romagna und ich bin daher eine echte
italienische Bandnudel. Mein Name stammt
vom italienischen Wort „tagliare“ ab,
das „schneiden“ bedeutet.
Buon Appetito!

Tagliatelle mit Möhren, Erbsen & Ricotta

Für 4 hungrige Personen | Hauptgerichte | ca. 25 Minuten | vegetarisch | Azubi*ne

Zutaten

400	g	Tress Tagliatelle-Nester
4		junge Möhren
2	EL	Petersilie, fein gehackt
150	g	Ricotta
50	g	geriebener Parmesan
1	EL	Zitronensaft
½	TL	abgeriebene Bio-Zitronenschale
100	ml	Gemüsebrühe
3	EL	Olivenöl
150	g	tiefgekühlte Erbsen
		Salz & Pfeffer

Zubereitung

Gib die Nudeln in einen Topf mit kochendem Salzwasser und koche sie nach Packungsangabe.

Schäle in der Zwischenzeit die gesamten Möhren mit dem Sparschäler in feine Streifen.

Verrühre die Petersilie mit dem Ricotta und dem Parmesan in einer Schüssel.

Schmecke die Masse mit dem Zitronensaft, der Zitronenschale und etwas Salz und Pfeffer ab.

Stelle eine große Pfanne auf den Herd und koche darin die Gemüsebrühe mit dem Olivenöl auf. Füge die Möhrenstreifen und die Erbsen hinzu. Lass alles zusammen etwa 3 Minuten köcheln.

Gib anschließend die Nudeln zum Gemüse und vermenge das Ganze gut miteinander.

Verteile die Nudeln zum Servieren auf Tellern und platziere die Ricotta-Mischung flöckchenweise darauf.

Ein Omelett ist eine Eierspeise, ebenso, wie unsere leckeren Spätzle. Neben Hartweizengrieß und Wasser stellen Eier einen der Hauptbestandteile von schwäbischen Spätzle dar.

Spätzle-Omelett mit Feldsalat, Apfelspalten & Speck

Für 4 hungrige Personen | Hauptgerichte | ca. 35 Minuten | Mit Fleisch | Küchenchef*in

Zutaten

300	g	Tress Schwäbische Spätzle
1		Zwiebel
2	EL	Butter
4		Eier
60	ml	Sahne
2	EL	Petersilie, fein gehackt
60	g	geriebener Emmentaler

Für den Salat:

4		Scheiben Frühstücksspeck
1	EL	Senf
3	EL	Gemüsefond
3	EL	Obstessig
4	EL	Rapsöl
1		Apfel
300	g	Feldsalat
		Salz & Pfeffer

Zubereitung

Heize den Backofen auf 160 °C (Umluft) vor. Gib die Spätzle in einen Topf mit kochendem Salzwasser und koche sie nach Packungsangabe.

Schäle die Zwiebel und würfele sie fein. Dünste die Hälfte der Zwiebelwürfel in einer mit Butter erhitzten, ofenfesten Pfanne an.

Gib die abgetropften Spätzle in die Pfanne und vermische sie mit der Zwiebel-Butter.

Verquirle Eier, Sahne und Petersilie mit etwas Salz und Pfeffer.

Gieße die Eiermasse über die Spätzle und bestreue sie mit dem geriebenen Emmentaler. Gib das Omelett für etwa 15 Minuten in den vorgeheizten Ofen.

Schneide in der Zwischenzeit für den Salat den Speck in feine Würfel, brate ihn in einer Pfanne mit den restlichen Zwiebeln an und stelle beides für einen Moment zur Seite.

Verrühre nun in einer Schüssel Senf, Gemüsefond, Essig und Öl. Hebe den Speck und die Zwiebel unter und schmecke das Dressing mit Salz und Pfeffer ab.

Viertel den Apfel, entferne das Kerngehäuse und schneide ihn in feine Spalten. Gib den Speck, die Zwiebel und das Dressing über den Feldsalat und garniere ihn mit den Apfelspalten. Richte das Omelett mit dem Salat auf flachen Tellern an.

So gut ausgestattet bringt Dich niemand mehr zum Heulen!
Das war's, Du Lauch!
Beim Schneiden von Zwiebeln und Lauchgemüse steigen Dämpfe auf, die Deine Augen reizen. Ich verrate Dir zwei geniale Tricks, wie Du Dich dagegen schützt.
Keine-Tränen-Trick 1: Als Schneide-anfänger*in setze einfach eine Taucher-brille auf!
Keine-Tränen-Trick 2: Wenn Du sicher mit dem scharfen Messer um-gehen kannst, schäle die Zwiebel vorsichtig unter Wasser, z. B. in der Spüle. Würfle sie dann auf einem feuchten Holzbrett.

Muschelquiche

Für 4 hungrige Personen | Hauptgerichte | ca. 55 Minuten | Mit Fleisch | Küchenchef*in

Zutaten

500	g	Tress Muschelnudeln
2		Stangen Porree
100	g	geräucherter Speck
1	EL	Olivenöl
1	EL	weiche Butter, für die Backform
5		Eier
150	ml	Milch
50	ml	Sahne
100	g	Parmesan, gerieben
		Salz & Pfeffer

Zubereitung

Gib die Nudeln in einen Topf mit kochendem Salzwasser und koche sie nach Packungsangabe.

Schneide den Porree und den Speck in feine Würfel.

Erhitze Öl in einer Pfanne, gib den Speck hinzu und brate ihn darin an. Nun kommt der Porree in die Pfanne. Dünste alles etwa 1 Minute auf mittlerer Hitze an.

Heize den Backofen auf 200 °C (Umluft) vor und fette eine Kuchenbackform bzw. Quicheform (26 cm Durchmesser) mit Butter ein.

Lege die Hälfte der Nudeln in der Kuchenbackform aus und decke sie mit der Speck-Porree-Mischung ab. Lege dann die restlichen Nudeln als zweite Schicht auf die Speck-Porree-Mischung.

Verquirle in einer Schüssel die Eier, die Milch, den Pfeffer und den Parmesan miteinander und gieße die Masse über die Nudelschicht.

Backe die Quiche ca. 40 Minuten im Ofen und richte sie zum Servieren auf Tellern an.

Bandnudeln werden hergestellt, indem man sie pressst oder walzt. Eine hochwertige gewalzte Nudel erkennst Du daran, dass sie im Topf ganz entspannt an der Wasseroberfläche schwimmt. Sie bleibt durch den Walzvorgang im Inneren locker, was sie leicht macht und nach oben treiben lässt.

Hackbällchen mit Pilz-Rahm-Nudeln

Für 4 hungrige Personen | Hauptgerichte | ca. 45 Minuten | Mit Fleisch | Küchenchef*in

Zutaten

300	g	Tress Bandnudeln, 13 mm

Für die Hackbällchen:

500	g	Rinderhackfleisch
1		Zwiebel
1		Ei
20	g	Semmelbrösel
30	g	Quark
1	EL	Senf
300	g	braune Champignons
2	EL	Butter
		etwas Zitronensaft
250	ml	Sahne
3	EL	Sonnenblumenöl
2	EL	Petersilie, fein gehackt
		Salz & Pfeffer

Zubereitung

Schäle die Zwiebel und würfel sie sehr fein. Vermenge die Zwiebelwürfel in einer Schüssel mit dem Hackfleisch und gib nach und nach das Ei, die Semmelbrösel, den Quark und den Senf hinzu.

Forme aus der Masse kleine runde Hackbällchen und stelle sie bis zur weiteren Verwendung kalt.

Entferne die trockenen Stielenden der Champignons und viertel sie. Schmelze die Butter in einer Pfanne und brate die Champignons darin an.

Würze die Pilze mit Salz und Pfeffer sowie einigen Tropfen Zitronensaft. Gieße die Sahne hinzu und lass sie dickflüssig einkochen.

Gib die Nudeln in einen Topf mit kochendem Salzwasser und koche sie nach Packungsangabe.

Stelle in der Zwischenzeit eine große Pfanne auf den Herd, erhitze das Öl darin und brate die Hackfleischbällchen rundherum etwa 5-6 Minuten kräftig an.

Gib die Nudeln in die erwärmte Pilzsoße und vermenge alles miteinander.

Richte die Pilz-Rahm-Nudeln auf Tellern an, verteile die Hackbällchen darauf und garniere das Gericht mit der Petersilie.

Achtung!
Hier wird mit heißem Öl hantiert. Hol Dir für dieses Rezept unbedingt Unterstützung von einer erwachsenen Küchenhilfe!

Gebackene Nudel-Käse-Bällchen mit Ofentomaten

Für 4 hungrige Personen | Hauptgerichte | ca. 40 Minuten | vegetarisch | Kochmagier*in

Zutaten

200	g	Tress Gabelnudeln
1		kleiner Bund Petersilie, Blätter abzupfen!
60	g	Mayonnaise
1		rote Zwiebel
1		Knoblauchzehe, geschält
150	g	Bergkäse, gerieben
50	g	Butter
180	g	Weizenmehl, Typ 405
300	ml	Milch
400	g	bunte Kirschtomaten
2	EL	Olivenöl
150	g	Mehl
2		Eier, verquirlt
250	g	Semmelbrösel
		Zucker
		Salz & Pfeffer
		Öl zum Frittieren
		Basilikumblätter zum Garnieren

Zubereitung

Koche die Nudeln nach Packungsangabe. Hacke die Petersilie fein, vermenge sie in einer Schüssel mit der Mayonnaise und würze sie mit etwas Salz und Pfeffer.

Schäle die Zwiebel und den Knoblauch und hacke beides sehr fein. Schmelze die Butter in einem Topf und dünste Zwiebeln und Knoblauch darin an. Lass 30 g Mehl unter ständigem Rühren einrieseln und rühre langsam die Milch unter. Lass die Soße aufkochen und menge die Nudeln, den geriebenen Käse und etwas Salz unter. Verteile die Mischung zum Auskühlen auf einem Backblech.

Mische die abgekühlte Nudelmasse mit der Mayonnaise und forme daraus kleine Kugeln. Am besten geht das mit angefeuchteten Händen. Stelle die Nudelbällchen im Kühlschrank kalt.

Heize den Backofen auf 150 °C (Umluft) vor. Halbiere die Kirschtomaten. Mariniere sie in einer Schüssel mit Salz, Pfeffer, Zucker und Olivenöl. Verteile die Kirschtomaten auf einem mit Backpapier ausgelegten Blech und gib sie für 10 Minuten in den Ofen.

Nimm die Nudelbällchen aus dem Kühlschrank und paniere sie. Dazu wendest Du sie zuerst in Mehl, dann im verquirlten Ei und zuletzt in den Semmelbröseln.

Jetzt ist Vorsicht geboten: Backe die Nudelbällchen in heißem Öl goldbraun aus. Hole sie dann mit einer Frittierkelle aus dem heißen Öl und lasse sie auf einem Küchenpapier abtropfen. Richte die Ofentomaten mit den Nudel-Käse-Bällchen auf Tellern an und garniere das Gericht mit Basilikum.

1 Topf und fertig!
„ !“

One-Pot-Spaghetti mit Räucherlachs & Spinat

Für 4 hungrige Personen | Hauptgerichte | ca. 45 Minuten | Mit Fisch | Küchenchef*in

Zutaten

400	g	Tress Spaghetti
250	g	Kräuterseitlinge (Pilzart)
250	g	Räucherlachs
150	ml	Schlagsahne
100	g	Spinat
3–4	TL	Gemüsebrühe, gekörnt
2	EL	Olivenöl
1–2	TL	Rosmarinpulver
1		Knoblauchzehe, geschält
1		Zwiebel
1		Zitrone
1		Schalotte
		Salz & Pfeffer

Zubereitung

Halbiere die Kräuterseitlinge und schäle die Zwiebel sowie den Knoblauch. Schneide beides in feine Stücke. Für den Knoblauch kannst Du auch eine Knoblauchpresse benutzen.

Erhitze das Olivenöl leicht in einem Topf und brate die Pilze unter kräftigem Wenden an. Gib die Zwiebel und den Knoblauch hinzu und brate beides ebenfalls mit an.

Schmecke alles mit Salz, Pfeffer und Rosmarin ab. Nimm die Pilze aus dem Topf und stelle sie zur Seite.

Gib 900 ml Wasser und die Sahne in den Topf. Nun kommen die Spaghetti hinzu. Koche alles zusammen auf und rühre die Gemüsebrühe ein.

Lass die Zutaten mit Deckel bei mittlerer Hitze ca. 10 Minuten garen. Damit die Nudeln nicht verkleben, rühre die Zutaten im Topf gelegentlich um.

Schneide die Schalotte in kleine Stücke und gib sie in den Topf. Nun kommen die frischen Spinatblätter hinzu.

Schneide den Lachs klein und hebe ihn kurz vor dem Servieren unter.

Schmecke Dein Gericht mit Salz und Pfeffer sowie der frisch ausgepressten Zitrone ab und richte es auf Tellern an.

Dieses Gericht kannst Du auch super mit Bandnudeln aus Dinkel zubereiten. Das Urgetreide bringt gesunde Nährstoffe auf Deinen Speiseplan. Die sind lecker und gesund!
Tress

Bandr emiger Kohlrabi-Pilz-Soße

Für 4 hungrig | erichte | ca. 40 Minuten | vegetarisch | Küchenchef*in

Zutaten

300 g	Tres	
	8 mm	
600 g	Koh	
100 g	kleine	
	Champignons	
100 g	Shiitake-Pilze	
50	g	Butter
500 ml	Gemüsebrühe	
30	g	Mehl
2	EL	Zitronensaft
100 g	Schmand	
1	EL	Sonnenblumenöl
		Salz & Pfeffer

ereitung

ile den Kohlrabi und schneide ihn in etwa 1 cm kleine Würfel. ferne die angetrockneten Stielenden der Pilze und halbiere Champignons und Shiitake je nach Größe.

ringe in einem Topf Wasser zum Kochen, gib etwas Salz hinzu nd gare die Kohlrabiwürfel darin bissfest. Dann gieße das Wasser ab und stelle die Kohlrabiwürfel beiseite.

Lass 50 g Butter in Deinem Topf schmelzen, rühre das Mehl ein und schwitze es unter ständigem Rühren bei mittlerer Hitze an.

Gieße nun die Gemüsebrühe dazu und rühre weiter, während die Soße aufkocht. Gib den Zitronensaft und den Schmand dazu und würze mit Salz und Pfeffer.

Gib die Nudeln in einen Topf mit kochendem Salzwasser und koche sie nach Packungsangabe.

Stelle in der Zwischenzeit eine Pfanne mit Öl auf den Herd und brate die Pilze darin an. Gib nun die Pilze mit den Kohlrabiwürfeln in die Soße.

Lass alles noch einmal aufkochen und richte dann die Nudeln mit der Kohlrabi-Pilz-Soße auf Tellern an.

Deftig-Bunter Hähnchen-Gemüse-Eintopf

Für 4 hungrige Personen | Hauptgerichte | ca. 40 Minuten | Mit Fleisch | Azubi*ne

Zutaten

400	g	Tress Drelli
2		Hähnchenbrustfilets
2		rote Zwiebeln
2		gelbe Paprika
200	g	grüne Bohnen
200	g	braune Champignons
200	g	Kräuterseitlinge (Pilzart)
250	g	Kirschtomaten
2		Knoblauchzehen, geschält
3	EL	Olivenöl
1	EL	fein gehackter Thymian
2	EL	Paprikamark
200	ml	passierte Tomaten
1,5	l	Hühnerbrühe
2	EL	Sonnenblumenöl
		Salz & Pfeffer

Zubereitung

Gib die Nudeln in einen Topf mit kochendem Salzwasser und koche sie nach Packungsangabe.

Schneide die Hähnchenbrust in etwa 1 cm große Würfel und stelle sie beiseite.

Schäle die Zwiebeln und schneide sie in dünne Streifen. Halbiere die Paprika, entferne die Kerne, den Stiel und die weißen Fasern im Inneren und schneide sie in kleine Stücke.

Entferne beide Enden der Bohnen und halbiere sie. Schneide die Champignons in Viertel und die Kräuterseitlinge in Scheiben. Halbiere die Kirschtomaten. Hacke die Knoblauchzehen sehr fein oder benutze eine Knoblauchpresse.

Erwärme das Olivenöl in einem großen Topf und dünste die Zwiebelstreifen, den Thymian und den Knoblauch zusammen darin an.
Gib die Paprikastücke und die Pilze dazu. Rühre das Paprikamark unter und gieße die passierten Tomaten und die Hühnerbrühe in den Topf. Koche alles auf und gib dann die Bohnen hinzu.

Lass die Suppe etwa 8 Minuten bei mittlerer Temperatur köcheln. Nun dürfen auch die Kirschtomaten in den Topf und weitere 4 Minuten mitköcheln.

Erhitze in der Zwischenzeit das Sonnenblumenöl in einer Pfanne und brate die gewürfelte Hähnchenbrust von allen Seiten an. Gib die Nudeln und die gebratenen Hähnchenbrust-Würfel in den Eintopf und schmecke alles mit Salz und Pfeffer ab.

Was ist eigentlich der Unterschied zwischen einem Pesto und einer Soße?
Sauce Béarnaise
Sauce Hollandaise
„Pesto“ leitet sich vom italienischen Wort „pestare“ ab, was soviel bedeutet wie „zerstampfen“.
Im Grunde ist ein Pesto auch eine Soße, sie wird nur nicht gekocht. Stattdessen werden die Zutaten zu einer Paste zerkleinert. Probier's doch mal aus!
Béchamel Sauce
Tomaten-Sugo
Deftige Bratensoße
Cremige Rahmsoße
Grünes Pesto
Rotes Pesto

Penne mit rotem Pesto

Für 4 hungrige Personen | Hauptgerichte | ca. 40 Minuten | vegan | Küchenchef*in

Zutaten

500	g	Tress Penne
5		reife Tomaten
50	g	getrocknete Tomaten
1		Knoblauchzehe, geschält
1	TL	abgeriebene Bio-Orangenschale
1		Orange, Saft gepresst
100	g	Mandelstifte
20	ml	Olivenöl
1	Bund	Basilikum, Blätter abzupfen!
		Zucker
		Salz & Pfeffer

Zubereitung

Schneide die Tomaten auf der Unterseite mit einem Messer kreuzförmig ein. Lege sie in eine Schüssel und übergieße sie mit kochendem Wasser. Nimm die Tomaten nach etwa 1-2 Minuten vorsichtig mit einem Löffel aus dem heißen Wasser und gib sie in eine Schale mit (eis-)kaltem Wasser.

Nimm die Tomaten aus dem kalten Wasser und lass sie abtropfen. Ziehe die Tomatenhaut von der eingeritzten Stelle aus mit einem kleinen Messer ab. Schneide die Tomaten in acht gleich große Stücke und entferne den Stielansatz und die Kerne im Inneren.

Gib die Nudeln in einen Topf mit kochendem Salzwasser und koche sie nach Packungsangabe.

Nimm die Knoblauchzehe und zerdrücke sie leicht. Gib sie mit dem Basilikum, den Tomaten, den getrockneten Tomaten, den Mandeln, der Orangenschale, dem Orangensaft sowie ein wenig Olivenöl in ein hohes Gefäß und püriere alles mit dem Stabmixer.

Schmecke das Pesto mit Salz, Pfeffer und einer Prise Zucker ab. Serviere die Nudeln mit dem frischen Pesto und garniere nach Lust und Laune mit etwas Basilikum.

Jetzt geht's hier um die Wurst!!

Krautspätzle mit Rostbratwürstchen

Für 4 hungrige Personen | Hauptgerichte | ca. 25 Minuten | Mit Fleisch | Azubi*ne

Zutaten

400	g	Tress Kartoffelspätzle
1		Zwiebel
4	EL	Butter
400	g	Sauerkraut aus der Dose, abgetropft
150	ml	Gemüsebrühe
1	EL	Kümmel, ganz
1	EL	Sonnenblumenöl
8		Rostbratwürstchen
1	EL	Petersilie, grob gehackt
		Salz

Zubereitung

Gib die Kartoffelspätzle in einen Topf mit kochendem Salzwasser und koche sie nach Packungsangabe.

Schäle in der Zwischenzeit die Zwiebel, halbiere sie und schneide sie in feine Streifen.

Stelle eine Pfanne auf den Herd, erhitze die Butter darin und brate die Zwiebelstreifen an, bis sie eine schöne, hellbraune Farbe annehmen.

Gib die abgetropften Spätzle mit in die Pfanne und brate sie ebenfalls leicht an.

Gib nun das Sauerkraut, die Gemüsebrühe und den Kümmel dazu, vermenge alles miteinander und lass die Zutaten etwa 5 Minuten bei mittlerer Temperatur köcheln.

Erhitze das Sonnenblumenöl in einer weiteren Pfanne und brate die Rostbratwürstchen darin von beiden Seiten an.

Richte die Krautspätzle auf Tellern an, verteile die Rostbratwürstchen darauf und garniere vor dem Servieren das Gericht mit etwas frischer Petersilie.

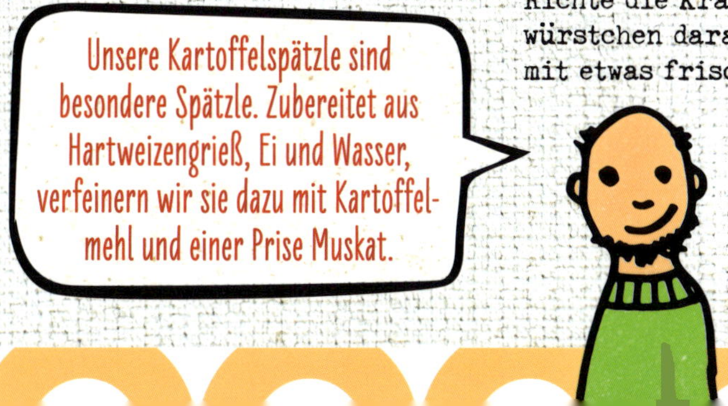

Korkenzieher al forno mit Hackfleisch & Schinken

Für 4 hungrige Personen | Hauptgerichte | ca. 45 Minuten | Mit Fleisch | Azubi*ne

Zutaten

500	g	Tress Korkenzieher
1		Zwiebel
2		Knoblauchzehen, geschält
2	EL	Olivenöl
200	g	Rinderhackfleisch
200	g	gekochter Schinken, fein gewürfelt
1	EL	Paprikamark
300	g	Tomaten in Stücken
1	EL	frischer Oregano, fein geschnitten
2	EL	frischer Basilikum, fein geschnitten
100	g	Ricotta
100	g	geriebener Mozzarella
100	g	geriebener Scamorza (italienischer Kuhmilchkäse)
		Salz & Pfeffer

Zubereitung

Heize den Backofen auf 180 °C (Umluft) vor und koche die Korkenzieher Nudeln nach Packungsangabe.

Schneide die Zwiebel in feine Würfel und hacke die Knoblauchzehen fein oder verwende eine Knoblauchpresse.

Stelle eine Pfanne auf den Herd und erhitze das Olivenöl darin. Gib das Hackfleisch hinzu und brate es feinkrümelig an.

Füge anschließend die Schinkenwürfel, die Zwiebelwürfel und den Knoblauch ebenfalls in die Pfanne hinzu und brate alles kurz mit an.

Rühre nun das Paprikamark unter und gieße die Tomaten in die Pfanne.

Lass alles bei mittlerer Temperatur etwa 10 Minuten köcheln.

Mische dann die Kräuter unter die Soße und würze mit Salz und Pfeffer.

Fülle die abgetropften Nudeln in eine große Auflaufform, gieße die Soße dazu und vermenge alles miteinander.

Verteile den Ricotta und den geriebenen Käse über dem Auflauf und überbacke ihn etwa 20 Minuten im Ofen, bis er goldbraun ist.

Gereifter Gouda
Camembert
Blauschimmelkäse
Parmesan
Tilsiter
Mäusekäse
Das ist doch alles Käse!!
Emmentaler
Cheddar

Spaghetti Carbonara

Für 4 hungrige Personen | Hauptgerichte | ca. 20 Minuten | Mit Fleisch | Azubi*ne

Zutaten

500	g	Tress Spaghetti
6		Eier
200	g	Speck
200	g	Parmesan, gerieben
1	EL	Olivenöl
		Salz & Pfeffer

Zubereitung

Gib die Pasta in einen Topf mit kochendem Salzwasser und koche sie nach Packungsangabe.

Schlage die Eier in einer Schüssel auf. Verrühre sie mit dem Großteil des geriebenen Parmesans. Stelle dann die Mischung beiseite.

Erwärme eine Pfanne und gib Olivenöl hinzu. Brate den Speck in der erwärmten Pfanne an.

Gib die abgekochte Pasta in die Pfanne und verrühre sie mit dem Speck und dem Olivenöl.

Gieße nun die aufgeschlagene Ei-Parmesan-Mischung hinzu. Lass alles unter kräftigem Rühren und kleiner Hitze warm werden, bis die Mischung stockt und nicht mehr flüssig ist.

Schmecke alles mit Salz und Pfeffer ab.

Nimm die Pfanne von der Herdplatte und richte die Spaghetti Carbonara auf Tellern an. Streue obendrauf den Rest des geriebenen Parmesans.

Zutaten

300	g	Tress Gerädelte Nudeln
1200	g	Kalbshüfte
1		Zwiebel
1		kleine Stange Lauch
2		Karotten
200	g	Staudensellerie
1	EL	Sonnenblumenöl
3	EL	Butter
600	ml	Fleischbrühe
2		Knoblauchzehen, geschält
5		Zweige frischer Thymian
½	EL	Speisestärke
1	EL	Paniermehl
2	EL	Petersilie, gehackt
		Salz & Pfeffer

Omas Kalbsbraten mit Schmorgemüse & Bandnudeln

Für die ganze Familie | Hauptgerichte | ca. 90 Minuten | Mit Fleisch | Kochmagier*in

Zubereitung

Heize zuerst den Backofen auf 180 °C (Umluft) vor. Schäle die Zwiebel und schneide sie in feine Streifen. Entferne zunächst das Wurzelende und die trockenen, dunkelgrünen Blätter des Lauchs. Schneide nun den Lauch in Scheiben. Schäle die Karotten und schneide sie ebenfalls in fingerdicke Scheiben.

Vom Staudensellerie schneidest Du den unteren, weißen Teil ab und trennst die Stangen ggf. voneinander. Dann schneide ihn in etwa 3 cm lange Stücke.

Erhitze das Speiseöl mit 1 EL Butter in einem großen, flachen (ofenfesten!) Topf oder in einem Bräter. Würze die Kalbshüfte mit Salz und Pfeffer und brate sie im heißen Fett von allen Seiten goldbraun an. Nimm das Fleisch aus dem Topf und stelle es beiseite.

Gib nun das Gemüse in den Topf und brate es kräftig an. Lösche es mit der Fleischbrühe ab und bring die Brühe zum Kochen.

Nun kann das Fleisch zurück in den Topf – lege es auf das Gemüse. Zerdrücke die Knoblauchzehen leicht und verteile sie mit den Thymianzweigen rund um das Fleisch.

Gib den Topf für etwa 50 Minuten in den Ofen. Nimm den Braten dann aus dem Ofen und wickel ihn in Alufolie. Schalte den Ofen aus und lass den eingewickelten Braten darin ruhen.

In der Zwischenzeit kannst Du das Gemüse vorsichtig aus dem Garsud nehmen und beiseitestellen.

Passiere die übrige Brühe in einem Topf und koche sie auf. Lass sie ungefähr 15 Minuten köcheln. Rühre die Speisestärke mit 1 EL Wasser an und binde die Soße damit ab. Gib das Gemüse zurück in die Soße und würze es mit etwas Salz und Pfeffer.

Koche die Nudeln nach Packungsangabe. Gib die übrige Butter in den Nudeltopf, lass sie bei mittlerer Hitze schmelzen und rühre das Paniermehl unter. Vermenge die Nudeln mit der Schmelze.

Nimm nun den Braten aus dem Ofen und schneide ihn in dünne Scheiben. Richte das Fleisch mit der Soße, dem Gemüse und den g'schmelzten Nudeln auf Tellern an und bestreue das Gericht mit etwas Petersilie.

Spaghetti mit Kürbis-Bolognese

Für 4 hungrige Personen | Hauptgerichte | ca. 35 Minuten | Mit Fleisch | Küchenchef*in

Zutaten

400 g	Tress Spaghetti
300 g	Hokkaido-Kürbis
1	mittelgroße Zwiebel
1	Knoblauchzehe, geschält
3 EL	Olivenöl
200 g	Hackfleisch, gemischt von Rind & Schwein
150 ml	Gemüsefond
60 g	Parmesan, gerieben
	Salz & Pfeffer
	Basilikumblätter zum Garnieren

Zubereitung

Halbiere den Kürbis, kratze die Kerne mit einem Löffel heraus und reibe ihn auf der Küchenreibe in feine Raspeln. Schäle die Zwiebel und würfel sie fein. Hacke die Knoblauchzehe fein oder benutze eine Knoblauchpresse.

Erhitze das Olivenöl leicht in einer großen Pfanne und schwitze die Zwiebelwürfel und den gehackten Knoblauch darin glasig an.

Gib das Hackfleisch in die Pfanne und brate es feinkrümelig an. Brate den geraspelten Kürbis ebenfalls kurz mit an.

Lösche das Ganze mit dem Gemüsefond ab und lass die Kürbis-Hackfleisch-Soße etwa 15 Minuten bei geringer Temperatur köcheln.

Gib in der Zwischenzeit die Nudeln in einen Topf mit kochendem Salzwasser, koche sie nach Packungsangabe und richte sie dann in tiefen Tellern an.

Schmecke die Kürbis-Bolognese mit Salz und Pfeffer ab und gib sie über die Spaghetti.

Bestreue das Gericht mit dem Parmesan und garniere die Teller vor dem Servieren mit den Basilikumblättern.

Ich würde alles t(h)un
für diesen Fisch!

Pasta mit Tomaten-Thunfisch-Soße

Für 4 hungrige Personen | Hauptgerichte | ca. 45 Minuten | Mit Fisch | Azubi*ne

Zutaten

500	g	Tress Pasta Tradizionale Spiralen
3	EL	Olivenöl
1		Zwiebel
2		Knoblauchzehen, geschält
1		Zucchini
500	g	passierte Tomaten
400	g	Tomaten in Stücken
2	Dosen	Thunfisch in eigenem Saft
50	g	Parmesan, gerieben
1	Bund	Basilikum, Blätter abzupfen!
		Oregano
		Salz & Pfeffer

Zubereitung

Schäle die Zwiebel und schneide sie in feine Würfel. Hacke die Knoblauchzehen ebenfalls sehr fein oder zerdrücke sie in einer Knoblauchpresse. Die Zucchini schneidest Du auch in kleine Würfel.

Stelle eine Pfanne auf den Herd und erhitze das Olivenöl leicht darin. Gib nun die Zwiebelwürfel und den Knoblauch in die Pfanne und dünste beides an. Füge anschließend die Zucchini-Würfel hinzu.

Lösche die Zutaten in der Pfanne mit den passierten Tomaten ab. Gib die Tomatenstücke hinzu und zerkleinere sie mit einem Holzpfannenwender.

Lass alles zusammen einkochen – umrühren nicht vergessen!

Gib die Nudeln in einen Topf mit kochendem Salzwasser und koche sie nach Packungsangabe.

Rühre den Thunfisch ein und schmecke die Soße mit Oregano, Salz und Pfeffer ab.

Lass alles noch einmal aufkochen und richte die Nudeln mit der Thunfisch-Soße auf Tellern an.

Bestreue das Gericht vor dem Servieren nach Belieben mit geriebenem Parmesan und frischen Basilikumblättern.

Rote Paprika-Linsen mit (Würstchen &) Spätzle

Für 4 hungrige Personen | Hauptgerichte | ca. 30 Minuten | Mit Fleisch | Azubi*ne

Zutaten

300	g	Tress Feine Spätzle
1		rote Paprika
1		gelbe Paprika
1		Zwiebel
2	EL	Sonnenblumenöl
150	g	rote Linsen
200	ml	Gemüsefond
12		Mini Wiener Würstchen
2	EL	Petersilie, feingehackt
		Salz & Pfeffer

Zubereitung

Halbiere die Paprika, entferne die Kerne sowie die Stiele und schneide sie in kleine Würfel. Schäle die Zwiebel und würfel sie fein.

Stelle eine Pfanne auf den Herd, erhitze das Sonnenblumenöl darin und dünste die Zwiebelwürfel glasig an. Gib die Paprikawürfel dazu und brate sie ebenfalls kurz mit an.

Gib nun die roten Linsen in die Pfanne und schwitze sie kurz an.

Gieße den Gemüsefond dazu und lass alles für etwa 10 Minuten bei geringer Hitze köcheln. Würze mit Salz und Pfeffer.

Koche in der Zwischenzeit die Spätzle nach Packungsangabe in Salzwasser.

Erwärme die Würstchen in einem Topf mit siedendem Wasser.

Für die vegetarische Variante die Würstchen einfach weglassen.

Richte die Spätzle mit dem Linsengemüse auf Tellern an und verteile die Würstchen darauf.

Garniere das Gericht vor dem Servieren mit der Petersilie.

Ach, war das wieder lecker. Kaum zu glauben, dass die Chinesen schon vor 4000 Jahren Nudeln gegessen haben! Das älteste Nudelgericht der Welt wurde in einem antiken Topf in China entdeckt. Bei mir wäre das Gericht bestimmt nicht so alt geworden. Ich hätte es längst schnabuliert :)
Tress

Filet-Rahmgulasch mit Kohlrabi

Für 4 hungrige Personen | Hauptgerichte | ca. 50 Minuten | Mit Fleisch | Küchenchef*in

Zutaten

200	g	Tress Gulaschnudeln
2		Kohlrabis mit Blättern
2		Schweinefilets
4		Schalotten
2	EL	Sonnenblumenöl
400	ml	kräftige Fleischbrühe
1	EL	Butter
100	ml	Sahne
½	EL	Speisestärke
1	EL	Crème fraîche
1	TL	abgeriebene Bio-Zitronenschale
		Paprikapulver
		Salz & Pfeffer

Zubereitung

Zupfe die kleinen Blätter vom Kohlrabi ab und schneide sie in Streifen. Schäle den Kohlrabi und schneide ihn in ca. 1 cm kleine Würfel.

Schneide die Schweinefilets in mundgerechte Stücke, schäle die Schalotten und schneide sie in Ringe.

Erhitze das Öl in einem Topf und brate das Fleisch darin kräftig rundherum an, bis es Farbe bekommt. Gib die Schalotten hinzu und würze mit Paprikapulver, Salz und Pfeffer.

Gieße 300 ml Brühe in den Topf und bringe sie zum Kochen. Reduziere dann die Hitze und lass alles bei mittlerer Temperatur ungefähr 4 Minuten köcheln.

Stelle in der Zwischenzeit einen weiteren Topf auf den Herd, schmelze 1 EL Butter und dünste die Kohlrabiwürfel darin an.

Gieße die übrige Brühe in den Topf und koche die Kohlrabiwürfel bissfest. Gib dann die Brühe mit den Kohlrabiblättern zum Gulasch. Gieße die Sahne dazu und lass alles zusammen aufkochen.

Rühre die Speisestärke mit 1 EL Wasser an. Gib die Mischung zur Fleischsoße hinzu. Füge die Crème fraîche und die Zitronenschale ebenfalls hinzu.

Koche die Gulaschnudeln nach Packungsangabe und serviere sie mit dem Rahmgulasch.

Wenn Du es lieber veggi magst, kannst Du den Speck einfach weglassen, aber auf gar keinen Fall den Käse!!

Käsespätzle mit (Honigbacon,) Röstzwiebeln & Birne

Für 4 hungrige Personen | Hauptgerichte | ca. 50 Minuten | Mit Fleisch | Azubi*ne

Zutaten

400	g	Tress Schabspätzle
8		Scheiben Frühstücksspeck
1	EL	brauner Zucker
1	EL	Honig
2		große Zwiebeln
200	ml	Sonnenblumenöl
1		Birne
2	EL	Butter
1	EL	Semmelbrösel
200	g	Bergkäse, gerieben
		Salz

Zubereitung

Heize den Backofen auf 180 °C (Umluft) vor. Verteile den Frühstücksspeck auf einem mit Backpapier ausgelegten Backblech, bestreue ihn mit braunem Zucker und streiche etwas Honig darauf.

Gib das Blech für 10 Minuten in den vorgeheizten Ofen und backe den Speck knusprig – nach der Hälfte der Zeit einmal wenden. Nimm den Bacon dann aus dem Ofen und lass ihn auskühlen. Schalte den Backofen auf 140 °C (Umluft) zurück.

Schäle die Zwiebeln und schneide sie in feine Streifen. Stelle eine Pfanne auf den Herd und erhitze das Öl darin. Röste die Zwiebelstreifen darin langsam goldbraun an. Nimm die Zwiebeln aus dem Öl und lege sie auf ein Küchenpapier, um das Fett zu entfernen.

Schäle die Birne, entferne das Kerngehäuse und schneide sie in feine Scheiben. Lasse die Butter in einer Pfanne schmelzen und dünste die Birnenscheiben darin an. Gib die Semmelbrösel dazu und röste sie leicht an.

Koche die Spätzle nach Packungsangabe, gib sie in eine Auflaufform und vermenge sie mit dem Käse. Schiebe die Auflaufform in den Ofen und warte, bis der Käse geschmolzen ist.

Richte die Spätzle auf Tellern an und serviere sie mit dem Honigbacon, den Röstzwiebeln und den warmen Birnen.

Manchmal sagt ein Törtchen mehr als 1000 Wörtchen.
Wenn Du Dich zwischen dem Cupcake und dem Salat entschieden hast, nimmst Du dann Schoko oder Vanille?

SÜSSES

Erste Sahne! Mmmh...

Für viele ist das Dessert das Highlight eines gelungenen Essens. Egal ob Groß oder Klein – hauptsache süß muss es für die meisten Schleckermäuler sein. Hast Du Dich schon mal gefragt, ob man auch aus Nudeln leckere Desserts zaubern kann? Wir haben es ausprobiert und verraten Dir im Folgenden unsere bislang geheimen Nudel-Nachtisch-Rezepte. Auf die Plätzchen, fertig, los!

Doppel-
schnurr...

Nudelmuffins mit Speck, Ahornsirup & Blaubeeren

Für 4 hungrige Personen | **Süßes** | **ca. 45 Minuten** | **Mit Fleisch** | **Küchenchef*in**

Zutaten

250	g	Tress Muschelnudeln
2	EL	Butter
2	EL	Mehl
200	ml	Milch
1	EL	Ahornsirup
100	g	Frühstücksspeck
4		Eier
150	g	Blaubeeren
		Öl zum Einfetten der Förmchen
		Paniermehl
		Salz & Pfeffer

Zubereitung

Heize den Backofen auf 150 °C (Umluft) vor und koche die Nudeln nach Packungsangabe.

Schmelze die Butter in einem Topf und lass das Mehl unter Rühren in die flüssige Butter einrieseln. Füge die Milch hinzu, rühre weiter und lass alles aufkochen. Du wirst sehen, dass die Masse langsam dickflüssiger wird. Rühre nun den Ahornsirup unter und lass die Soße in einer großen Schüssel abkühlen.

Schneide in der Zwischenzeit den Speck in feine Streifen und brate ihn in einer Pfanne ohne Fett an. Lege ihn anschließend auf etwas Küchenpapier und tupfe vorsichtig das Fett ab.

Verquirle die Eier in einer Schüssel und würze sie mit Salz und Pfeffer. Rühre sie unter die abgekühlte Soße.

Gib nun die Nudeln, den Speck sowie die Blaubeeren mit in die Schüssel und vermenge alles vorsichtig miteinander.

Fette eine Muffin-Form mit etwas Öl ein und streue sie mit Paniermehl aus. Indem Du die Form vorsichtig hin und her schwenkst, verteilen sich die Brösel gleichmäßig. Den Rest kannst Du über dem Spülbecken ausklopfen.

Gib die Nudelmasse in die Mulden der Muffin-Form und backe die Nudelmuffins für etwa 30 Minuten im vorgeheizten Ofen. Stell die Temperatur nach 20 Minuten auf 180 °C (Ober-/Unterhitze) um, dann werden die oberen Nudeln schön knusprig.

Miau aber auch! Halte mich jemand auf, sonst verputze ich die beiden Becher gleich noch!

Süße Nudeln mit Apfel & Mascarpone-Joghurt-Creme

Für 4 hungrige Personen | Süßes | ca. 40 Minuten | vegetarisch | Küchenchef*in

Zutaten

- 120 g Tress Hörnchen
- 2 Äpfel
- 3 EL Butter
- 1 EL Zucker
- 2 EL Puderzucker
- 6 Blätter Zitronenmelisse
- 2 EL Semmelbrösel
- 1 EL Haselnüsse, gemahlen
- 200 g Mascarpone
- 100 g Joghurt
- etwas Zitronensaft

Zubereitung

Gib die Nudeln in einen Topf mit kochendem Salzwasser und koche sie nach Packungsangabe.

Schäle die Äpfel, viertele sie, entferne das Kerngehäuse und schneide die Apfelspalten in feine Scheiben.

Gib 2 EL Butter in eine Pfanne und lass sie bei mittlerer Hitze schmelzen. Füge die Apfelscheiben hinzu und dünste sie an.

Bestreue die Äpfel mit Zucker. Warte und sieh zu, wie der Zucker auf den Äpfeln schmilzt und goldbraun wird. Nun kannst Du die Äpfel erstmal beiseitestellen.

Gib die gekochten Nudeln in eine Pfanne und bestreue sie mit 1 EL Puderzucker. Brate die Nudeln unter ständigem Rühren an, bis der Zucker karamellisiert ist. Lass die Nudeln anschließend etwas abkühlen und verteile sie auf 4 Dessertgläser.

Schneide die Zitronenmelisse in feine Streifen und menge sie unter die Äpfel. Füge die Äpfel auf die Nudelschicht in den Dessertgläsern hinzu.

Lass die übrige Butter in einem Topf schmelzen. Rühre die Semmelbrösel und die Haselnüsse ein und röste sie goldbraun an. Lass die Brösel in einer Schale auskühlen.

Verrühre nun Mascarpone, Joghurt, 1 EL Puderzucker und etwas Zitronensaft. Verteile die Creme auf der Apfelschicht und streue die Semmelbrösel-Haselnuss-Butter darüber.

Kokos-Nudelrisotto mit Aprikosensoße & Himbeeren

Für 4 hungrige Personen | Süßes | ca. 20 Minuten | vegan | Küchenchef*in

Zutaten

200 g Tress Nudelreis
150 ml Kokoscreme
300 g Aprikosen aus der Konservendose, Saft abgetropft
50 g Kokosraspel
200 g Himbeeren
Zucker
Salz
Minze zum Garnieren

Zubereitung

Koch den Nudelreis nach Packungsangabe. Ins Kochwasser kommt dieses Mal allerdings nur eine Prise Salz und dafür 2-3 TL Zucker.

Gib die Kokoscreme in einen Topf und lass sie kurz aufkochen. Füge 2 EL Zucker hinzu und lass sie bei geringer Hitze um die Hälfte einkochen.

Nimm die Kokoscreme vom Herd und vermenge sie mit dem abgetropften Nudelreis.

Püriere die Aprikosen mit einem Stabmixer zu einer feinen Soße.

Erhitze eine Pfanne ohne Fett und röste die Kokosraspel darin goldbraun an – umrühren nicht vergessen!

Verteile den Nudelreis auf mehrere Teller, gib die Aprikosensoße und die Himbeeren darauf.

Bestreue das Ganze mit den Kokosraspeln und garniere den Teller vor dem Servieren mit etwas frischer Minze.

Falls Du kein Apfelfan bist, kannst Du die Äpfel durch andere Obstsorten ersetzen. Wir empfehlen Dir, es mit einem Glas Kirschen zu versuchen!

Einfach zum Quark zusätzlich 25 g Grieß und 150 g Mascarpone geben und fertig ist der Kirschauflauf.

Zutaten

200 g	Tress Ganz Breite Nudeln (abhängig von der Auflaufformgröße)
150 ml	Apfelsaft
125 g	Rosinen
1 kg	Äpfel
100 g	Butter
4	Eier
750 g	Quark
100 g	Zucker
1	Päckchen Vanillezucker
1	Packung Vanillepudding
	Butter zum Einfetten der Form
	Mandelblättchen zum Dekorieren

Apfellasagne (oder Kirschlasagne)

Für 4 hungrige Personen | Süßes | ca. 70 Minuten | vegetarisch | Kochmagier*in

Zubereitung

Stelle einen kleinen Topf auf den Herd und erwärme den Apfelsaft darin. Schalte den Herd ab, gib die Rosinen in den Topf und lass sie etwa 15 Minuten im Apfelsaft ziehen.

Heize den Backofen auf 190 °C (Umluft) vor. Schäle inzwischen die Äpfel, teile sie in Viertel und entferne das Kerngehäuse. Schneide sie dann in feine Scheiben oder hobel sie mit der Reibe.

Schmelze die Butter bei geringer Hitze in einem Topf und stelle sie beiseite.

Gib die Nudeln in einen großen Topf mit kochendem Wasser und koche sie für 3-4 Minuten vor.

Nun werden die Eier getrennt: Schlag das Ei an einer Schüssel oder an einer anderen harten Kante vorsichtig auf, sodass Du zwei Schalenhälften hast. Lass das Eigelb vorsichtig über einer Schüssel von einer Hälfte in die andere Hälfte gleiten. Das Eiweiß läuft dabei aus der Eierschale in die bereitgestellte Schüssel.

Arbeite sorgfältig und achte darauf, dass kein Eigelb ins Eiweiß gelangt. Schlag dann das Eiweiß mit dem Handrührgerät steif.

Verrühre die Eigelbe, den Quark, die zerlassene Butter, den Zucker und den Vanillezucker mit dem Puddingpulver.

Gib die Äpfel und die Rosinen zu der Quarkmasse und hebe nun vorsichtig und langsam das steif geschlagene Eiweiß mit einem Teigschaber unter.

Fette eine Auflaufform ein und lege den Boden Streifen für Streifen mit einer Schicht Nudeln aus. Es folgt eine Schicht Quarkmasse auf eine Nudelschicht solange, bis obenauf mit einer letzten Schicht Quarkmasse abgeschlossen wird.

Schiebe nun die Auflaufform in den vorgeheizten Ofen und decke sie in den ersten 20 Minuten z. B. mit Backpapier ab, sonst wird die Quarkschicht oben zu dunkel!

Entferne dann das Backpapier, bestreue die Lasagne mit den Mandelblättchen und backe sie für weitere 20 Minuten.

Nimm die Auflaufform vorsichtig aus dem Backofen und lass die Lasagne vor dem Servieren ein wenig abkühlen.

Kreativ

SCHERE, KLEBSTOFF, BUNTSTIFT, LOS!

Ab hier sind die Seiten beschreibbar zum Basteln, Malen und fantasievollen Austoben!

Mehr Bastel- & Kreativideen kannst Du hier herunterladen: www.tress.de/kinderkochbuch

Oder einfach QR-Code abscannen:

KREATIVES

„Phantasie heißt nicht, sich etwas auszudenken. Es heißt, sich aus den Dingen etwas zu machen.“
Thomas Mann, Schriftsteller

Kennst Du das? Das Gericht hat eine ewig lange Garzeit im Ofen oder die Soße muss noch ein paar Minuten einkochen, obwohl Du es kaum noch erwarten kannst, endlich zu essen! Damit keine Langweile einkehrt und Du die Wartezeit gut nutzen kannst, findest Du in diesem Kochbuch nicht nur leckere Rezepte, sondern auch seitenweise Ideen zum Basteln, Malen und Kreativwerden. Schnapp Dir Stifte, bereite Deine Bastelsachen vor und los geht‘s!

Kreativ

DAS NUDEL-BUCHSTABEN-RÄTSEL

Hoppla, hier sind ja überall Nudel-Buchstaben verschüttet worden! Da ist wohl jemandem aus Versehen die Verpackung aus der Hand gerutscht. Aber sieh mal! Einige Buchstaben haben richtige Wörter gebildet. Findest Du alle Wörter, die sich in diesem Gewirr aus Nudel-Buchstaben versteckt haben?

- [x] Tress
- [ ] Loeffel
- [ ] Messer
- [ ] Gabel
- [ ] Salz
- [ ] Pfeffer
- [ ] Suppe
- [ ] Spaghetti
- [ ] Spaetzle
- [ ] Oma
- [ ] Kochen
- [ ] Kneten
- [ ] Naschen
- [ ] Aldente
- [ ] Rezept

C	K	R	U	G	A	I	L	D	A	V	J	A	G	U	Q
J	I	E	S	A	L	Z	K	S	G	R	I	S	Y	K	U
U	S	B	U	J	D	O	B	G	E	O	T	R	E	S	S
L	K	O	C	H	E	N	U	E	C	Q	B	E	G	R	D
X	E	M	I	C	N	M	K	C	H	A	M	Z	U	A	S
A	N	A	S	P	T	O	V	X	F	B	T	E	A	T	O
N	G	V	K	N	E	T	E	N	D	O	L	P	R	Q	Z
S	O	I	G	L	L	F	V	A	Q	L	M	T	E	P	I
P	S	J	A	C	X	A	O	S	U	P	P	E	M	F	K
A	C	V	I	W	N	G	R	C	P	J	U	S	M	E	B
E	H	A	U	S	P	A	G	H	E	T	T	I	W	F	S
T	B	W	D	F	R	B	I	E	U	L	X	S	O	F	D
Z	J	S	A	R	V	E	G	N	R	W	A	Y	G	E	A
L	O	E	F	F	E	L	T	E	M	E	S	S	E	R	P
E	W	V	N	U	M	R	B	E	U	B	T	R	I	Y	N
G	I	T	A	A	Y	S	E	P	G	O	F	E	N	G	Z

Kreativ

Du brauchst:
Papierstreifen (15x3cm), Schere, Stifte und einige Maccaroni

Wurm hier, Wurm da – heute ist aber mal wieder alles furchtbar eilig!

DAS WILDE WURMWETT-RENNEN

Für 2 oder mehr Wurmjockeys

Falze den Papierstreifen in der Mitte und klappe ihn dann wieder auf.

Nun knicke die untere Streifenhälfte zum Mittelfalz hoch.

Die eben gefaltete Hälfte knickst Du nochmals und faltest auch sie hoch.

Wiederhole die Schritte 2 & 3 auf der anderen Streifenseite.

Klappe nun auch die beiden Hälften mittig zu einem Päckchen zusammen.

Nimm die Schere zur Hand und runde damit alle vier Ecken ab.

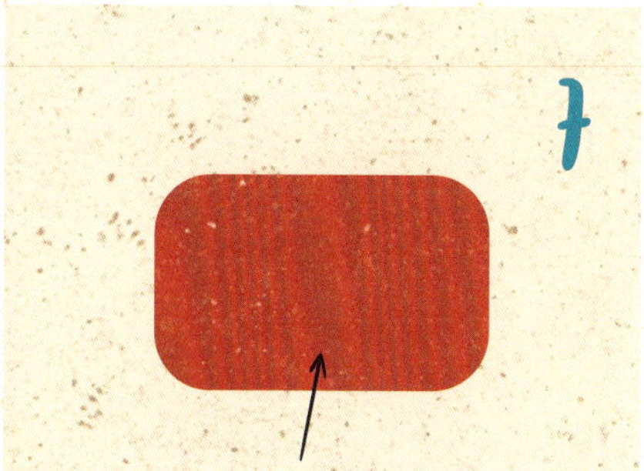

Wenn es so aussieht, dann hast Du bisher alles richtig gemacht :)

Falte das Päckchen auseinander und zeichne Deinem Wurm Augen und Mund.

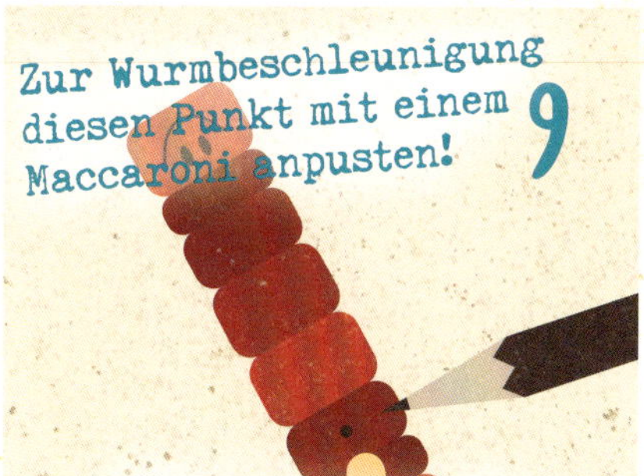

Zähle vom Wurmende drei Glieder nach oben und zeichne dort einen Punkt.

Kreativ

NUDELKUNST! MIT NUDELN BASTELN

Künstler*in! – Ein paar Worte vorab: Aus ungekochten Nudeln kannst Du viele schöne Dinge basteln. Wichtig ist, dass Du keine Nudeln verschwendest, denn es sind Lebensmittel! Gehe bewusst damit um, verwende Reste aus geöffneten Packungen oder sammle Nudeln, die zuvor auf den Boden gefallen sind.

Als Inspiration für Dich stellen wir hier einige Bastelideen vor, die uns besonders gut gefallen.

Nudelgarten für die Magnetwand

Kunterbunter Nudelschmuck könnte z. B. Dein nächstes Faschingskostüm schmücken oder als Medaille für einen Wettbewerb dienen. Dabei solltest Du darauf achten, dass die Nudeln, die Du verwenden möchtest, ein Loch besitzen, um sie an einer Schnur auffädeln zu können.

Probiere aus, was Du alles mit den verschiedenen Nudelformen gestalten kannst! Anleitungen und Ideen findest Du auf Bastelseiten im Internet und hier: **www.tress.de/kinderkochbuch**

Vorsicht, Schlangenalarm!

Ich werde diese prächtige Nudelkette hoch in Ehren halten und wie einen Orden tragen.

Toller Halsschmuck

Oh, ein Schmetterling!

Vielleicht was Weihnachtliches?

Hier ist Platz für ein Bild von Deinem Projekt.

Viel Spaß!

Bären-, Katzen- und Tigerkette

Oder Tischkarten...

DIE NUDELBASTEL-CHECKLISTE

- Was und für wen willst Du etwas basteln?
- Was brauchst Du dazu?
- Was hast Du bereits an Material im Haus?
- Was musst Du noch besorgen/kaufen?
- Wo hast Du genug Ruhe und Platz zum Basteln?
- Hast Du eine gute Bastelunterlage?
- Brauchst Du die Unterstützung einer erwachsenen Person?

Startklar?!

Kreativ

SCHÄRFE DEINE FÜNF SINNE!

Bei einem Gericht ist uns zunächst ganz wichtig: Es soll gut schmecken. Doch nicht nur der Geschmack spielt beim Essen eine große Rolle. Sind alle fünf Sinne wach und aktiviert, genießt Du (wenn es eine angenehme Erfahrung ist) eine Sache gleich fünfmal mehr und viel bewusster!

Mit einem Bärenhunger möchtest Du Deine Mahlzeit gerne per Riesenhaps herunterschlingen, stimmt's? Sei gewarnt – das ist wirklich nur der halbe Spaß (und obendrein ist es auch noch ungesund).

Isst Du langsam, nimmst Du deutlich mehr von Deinem Essen wahr und merkst, wie es lecker duftet und aussieht. Du darfst gerne auch einmal mit Deinen Händen essen, die Beschaffenheit fühlen – es schmeckt anders, versprochen. Probiere Dich und Deine Sinne bewusst aus!

Hast Du Deine fünf Sinne beisammen? Teste und schärfe sie mit folgendem Spiel. Deine Familie oder Freunde*innen spielen bestimmt gerne mit, denn es geht ja um Schönes: das Genießen! Gönnt Euch ein wenig Ruhe, Zeit und – Genuss.

Los geht's!

Du brauchst:
Stofftasche,
blickdichte Behälter,
Schal oder Tuch,
Schneidebrett & Messer

Schmecken

Lass es Dir auf der Zunge zergehen! – Schneide hierfür Obst und Gemüse in mundgerechte Stücke. Mit verbundenen Augen erraten Du und Dein*e Mitspieler*in abwechselnd, um welche Gemüse- oder Obstsorten es sich handelt. Das ist gar nicht so leicht, wenn man sich mal nicht auf die eigenen Augen verlassen kann!

Sehen

Das Auge isst mit. Aber weisst Du stets, was sich da gerade auf Deinem Teller befindet? Bitte z. B. Deine Eltern, Zutaten bereitzustellen, die neu für Dich sind. Du und Dein*e Mitspieler*in seid nun gefragt. Wer (er-)kennt die meisten Zutaten? Ein gutes Rätselspiel, das auch Dein Kochwissen erweitert – auf dem Weg in die Sterneküche ist das sicherlich sehr nützlich.

Fühlen

Wer beweist hier Feingefühl? Befülle eine Stofftasche mit verschiedenen Zutaten, wie z. B. Zwiebeln, Tomaten, Nudeln, Reis. Achtung! Spitze, scharfe Gegenstände sind streng verboten. Verzichte besser auch auf zu brüchige Lebensmittel, wie z. B. Eier oder sehr reife Früchte. Jetzt darf jede*r mit geschlossenen Augen in die Stofftasche greifen und versuchen, die Zutaten nacheinander zu erraten.

Riechen

Wer hat die bessere Spürnase? Befülle blickdichte Behälter mit Gewürzen, geschnittenem Gemüse, Obst oder Kräutern. Du befüllst die Behälter, die Dein*e Mitspieler*in erraten soll und andersherum. Verbinde nun Deinem*r Mitspieler*in die Augen und öffne den Deckel, damit der entsprechende Geruch austreten kann. Nun wird geschnuppert!

Hören

Bist Du ein guter Zuhörer? Verschiedene Zutaten erzeugen ganz unterschiedliche Geräusche. Befülle blickdichte Behältnisse mit verschiedenen Zutaten, eine Sorte pro Behältnis. Verwende dazu am besten trockene Zutaten wie Nudeln, Linsen, Kichererbsen oder Reis. Reiche Deinem*r Mitspieler*in die Behältnisse und lasse ihn*sie schütteln und raten.

Kreativ

PASTAMORPHOSE* – AUCH NUDELN MÖCHTEN TANZEN

* Abwandlung des griechischen Wortes „Metamorphose". Das bedeutet: „Umwandlung, Verwandlung".

Wusstest Du, dass wir bei Tress ungefähr 70 Sorten Nudeln und Spätzle herstellen? Für den Teig nehmen wir Dinkelmehl oder Hartweizengrieß. Wir machen breite, dünne, lange, kurze. Sie werden gepresst, getropft, geschabt oder gewalzt. Es gibt gedrehte und gelockte, gewickelte, helle und dunkle, sogar bunte Teigwaren.

Wo sie überall gegessen, wie sie gekocht werden, welche Form sie haben – unsere Teigwaren sind wahrlich vielseitig. Es gibt sie für alle Typen, Geschmäcker und für fast jede Lebenslage. Hier kommst Du ins Spiel. Mit Fantasie und einem Stift kannst Du ihnen Leben einhauchen. Verwandle sie in was Du willst!

Nimm ein paar Nudeln und lege dem Bären die verrückteste Kleidung an, die Dir einfällt!

Wie sind diese Nudeln hier unterwegs – liegen sie etwa nur faul herum oder wagen Sie vielleicht ein Tänzchen? Was malst Du dazu?

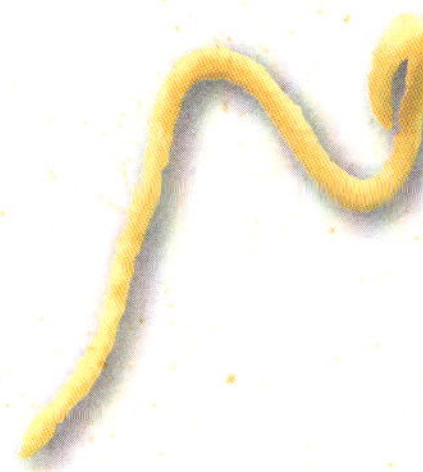

Ein großer Künstler, dieser kleine Dackel. Aber was jongliert er da bloß?! Wenn Du eine Idee hast, zeichne sie!

RE- & UPCYCLING – MACH MEHR AUS DEINEM MÜLL!

Kreativ

Abfallmenge reduzieren

Je weniger Verpackungsmaterial Du kaufst und dann wegwirfst, **desto besser.**

Müll trennen

Trenne Deinen Abfall nach **Plastik, Papier, Restabfall, Glas** und **Biomüll.** Denn darin verstecken sich Roh- und Wertstoffe, die wiederverwendet werden können. Richtige Mülltrennung ermöglicht ein Kreislaufsystem, das **Recycling,** das unsere Umwelt schont.

Auf Alufolie & Frischhaltefolie verzichten

Bienenwachstücher und **Aufbewahrungsboxen** sind ein guter Ersatz und halten Dein Essen frisch.

Wasser nicht verschwenden

Verwende Wasser immer bewusst. Das Leitungswasser in Deutschland hat eine sehr gute Qualität. Es eignet sich zum Trinken, ist günstiger als Wasser aus der Plastikflasche und spart Müll.

Beim Kochen lässt sich Verpackungsmüll oft nicht vermeiden. Koche bewusst, um unsere Umwelt sauber zu halten. Mit der richtigen Planung und Deinem Mitdenken kannst Du mit kleinen Handgriffen schon viel bewirken!

Hier wird **recycelt!**

Reste verwerten

Essen ist kostbar. Vermeide es, dass Essen verdirbt oder weggeschmissen wird.

Regionale & saisonale Produkte einkaufen

Unterstütze **lokale Bauern.** Damit vermeidest Du lange Transportwege der Produkte und diese sind frischer.

Einkaufstüten vermeiden

Lass **Mehrwegbeutel, Stofftasche** und einige **Frischenetze** zu Deinen ständigen Einkaufsbegleitern werden. Eine **Einkaufstasche** kannst Du kreativ und persönlich gestalten. Für Dich bestimmt ein Spaß und Du schonst die Umwelt.

Zunächst: ein leeres, altes Glas.

Doch dann: ein schicker Pflanzentopf zum Aufhängen!

Hier wird upgecycelt!

Blechdosen werden zu bunten Behältern

Es ist im Alltag für viele Familien leider nicht möglich, jeglichen Abfall zu vermeiden. Es gibt aber viele schöne Einfälle, wie man diesen – mit ein bisschen Fantasie und Bastelfreude – um- und weiternutzen kann. Diese Wiederverwendbarkeit wird **„Upcycling“** genannt.

Aus Tetrapaks kannst Du einen **Kräutergarten** zaubern, ein **Gartenlicht** aus einem Gurkenglas, ein **Bienenhotel** aus einer Konservendose. Wir möchten Dir hier einige Beispiele vorstellen, die Dich vielleicht zum Nachbasteln anregen. Oder Du erfindest einfach ein eigenes Upcycling-Projekt?

Mach mehr aus Deinem Müll. Los geht's! Bastelanleitungen und tolle Ideen dazu findest Du auf Upcyclingseiten im Internet und natürlich hier: **www.tress.de/kinderkochbuch**

Hier noch: eine einsame Nudel und eine leere Küchenrolle.

Diese werden zu: einem lustigen Geschicklichkeitsspiel!

Tetrapak-Kräutergarten

Vase & Teelichthalter aus bemaltem Altglas

Kreativ

DIE GROSSE NUDELJAGD – FINDEST DU DIE LÖSUNG?

Wusstet Du, dass es knapp 600 verschiedene Nudelsorten auf der ganzen Welt gibt und jeder Deutsche durchschnittlich 8 kg Nudeln im Jahr isst? Nein? Dann ist diese Seite doch genau richtig für Dich.

Hier erfährst Du viele interessante Fakten aus der ganzen Nudelwelt. Um die richtigen Antworten auf unsere kniffligen Fragen zu erhalten, blättere und lese Dich sorgfältig durch das ganze Buch. Einige Antworten verstecken sich in den informativen Textabschnitten, andere werden Dir von den Personen und Tieren gegeben, die sich auf den Seiten tummeln.

Bist Du bereit? Dann viel Vergnügen beim Knobeln – lass die große Suche beginnen!

1 Was ist die beliebteste Nudelsorte Deutschlands?

2 Bei welcher Nudelsorte handelt es sich um eine italienische Bandnudel?

3 Welche Zutaten werden neben Weizengrieß und Wasser für die Herstellung von Spätzle benötigt?

4 Welche Nudelsorte ähnelt der Form eines Schmetterlings?

5 Was ist als Urgetreide bekannt und bringt gesunde Nährstoffe auf den Speiseplan?

6 Wodurch kann der Nudel- und Spätzle-Teig sein volles Aroma entfalten?

7 Spätzle bestehen in der Regel aus Hartweizengrieß. Welche weitere Zutat verwendet Tress für eine spezielle Spätzle-Sorte?

8 Nudeln schmecken im Salat, Hauptgericht, Dessert oder in der Suppe. Wie mag unsere Naschkatze ihre Nudeln am liebsten?

9 Wo wurde das älteste Nudelgericht der Welt entdeckt?

10 Was sorgt dafür, dass Nudeln und Spätzle schön in Form bleiben, goldgelb aussehen und beim Kochen „al dente" gelingen?

11 Woher stammt der Dinkel, den wir bei Tress für unsere „Purer Dinkel" Vollkornnudeln verwenden?

LÖSUNGSWORT

1	2	3	4	5	6	7	8	9	10	11

Kreativ

Hier bist Du gefragt: Auf dieser Seite ist Platz für Dein ganz persönliches Lieblingsrezept. Vielleicht erfindest Du es selbst und es ist ganz verrückt. Oder es ist eines, das Dir so gut geschmeckt hat, dass Du es nie vergessen konntest …

DEIN LIEBLINGS-REZEPT

Einkaufsliste

....

....

....

....

....

Male Dein grandiosestes Lieblingsgericht auf oder klebe ein Foto davon ein. Lass Deiner Fantasie freien Lauf!

Zutaten

Zubereitung

Schreibe die Zutaten und Arbeitsschritte auf, die Du für Dein Lieblingsrezept benötigst, dann kannst Du es jederzeit noch einmal kochen.

NUDEL-REGISTER

Korkenzieher

Locken

Muscheln

Nudelreis

Penne

Schabspätzle

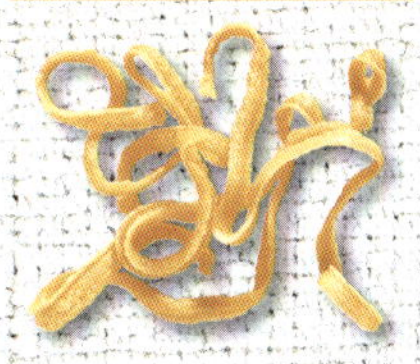

Schwäbische Spätzle

Spaghetti

Spiralen

Sternchen

Tagliatelle-Nester

Wellenspätzle

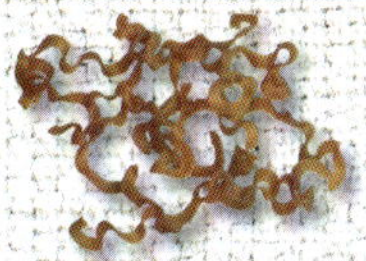

IMPRESSUM

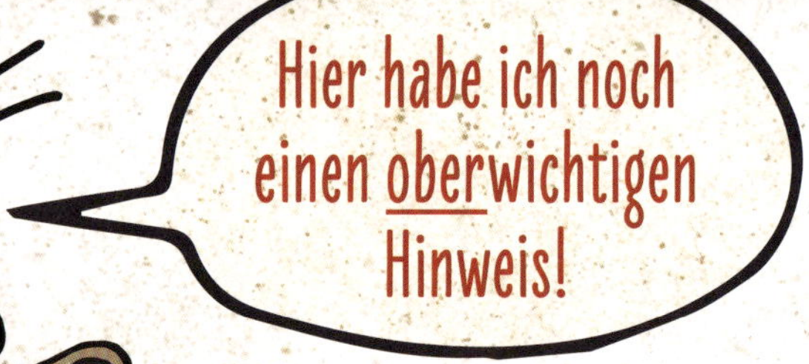

Herausgeber

Franz Tress GmbH & Co. KG
Dottinger Straße 69
72525 Münsingen
info@tress.de
www.tress.de

Inhalt

Idee: Natalie Angerer, Mayya Schoch
Grafische Gestaltung, Illustration, Fotografie:
Kim Binnig, Monica Giermann, Phoebe Knechtel
Redaktion, Text: Natalie Angerer,
Kim Binnig, Sabrina Braun, Monica Giermann,
Madlen Holder, Phoebe Knechtel,
Siegmar Schellhaase, Mayya Schoch
Rezept-Fotografie: Kay Johannsen
Foodstyling: Guido Gravelius
Lektorat, Korrektorat: Laura Knechtel

Druck

Offizin Scheufele
Druck und Medien GmbH & Co. KG
Tränkestraße 17
70597 Stuttgart

Bildnachweis

Rezeptbilder S. 28-96: Kay Johannsen
Bildmaterial: creativemarket.com, pexels.com, pixabay.com, shutterstock.com

Für Fragen und Anregungen sind wir jederzeit unter oma@tress.de erreichbar.

Wir freuen uns auch über Eure Briefe an:
Franz Tress GmbH & Co. KG
Marketing
Dottinger Straße 69
72525 Münsingen

ISBN 978-3-00-068441-8

1. Auflage

Lösungswort der Nudeljagd auf den Seiten 112/113: STERNEKÜCHE

GLEICH ZWEI ÜBERRASCHUNGEN FÜR DICH!

Herzlichen Glückwunsch! Nun hast Du Dich fast durch das ganze Kochbuch hindurch gearbeitet! Wir hoffen, dass es Dir gefallen hat und Du eine Menge gelernt hast. Die Übung macht bekanntlich den*die Meister*in – also bleib dran und koch so engagiert weiter!

1. Für Deine Küchentaten verleihen wir Dir hiermit feierlich folgende Auszeichnung: Den Tress-Junior-Sterneküche-Ausweis. Damit bist Du nun ein von Tress offiziell anerkanntes Mitglied der Junior-Sterneküche mit erweiterter Nudel- und Spätzle-Expertise.

2. Als solches erwartet Dich eine persönliche Überraschung in unserem Werksverkauf in Münsingen. Pack Deine Familie ein und schau bei uns auf der Schwäbischen Alb vorbei!

Wichtig! Deinen Tress-Junior-Sterneküche-Ausweis nicht vergessen. Zeige diesen bitte bei Deinem Besuch vor, damit wir wissen, dass Du ein offizielles Mitglied bist.

Wir freuen uns auf Dich und Deine Familie!
Herzliche Grüße
Dein Tress-Team

Anleitung für den Ausweis

Schneide Deinen Ausweis an den getrichelten Linien entlang aus. Falte ihn anschließend einmal in der Mitte, sodass Du ihn auf- und zuklappen kannst. Trage in den freien Feldern Deine persönlichen Informationen ein. Auf dieser Seite ist der Innenteil abgebildet. Den Außenteil findest Du auf der nächsten Seite.

Name: ....

Geburtsdatum: ....

Kochteam: (wer gehört noch dazu?) ....

Der*die Besitzer*in dieses Ausweises ist offizielles Mitglied der Tress-Junior-Sterneküche-Gesellschaft und verpflichtet sich dazu, stets Leckeres zu zaubern.

OFFIZIELL GENEHMIGT

Franz Tress GmbH & Co. KG
Dottinger Straße 69
72525 Münsingen

www.tress.de

Tress

JUNIOR-STERNEKÜCHE-AUSWEIS